NOÇÕES DE CUSTO

Osni Moura Ribeiro

NOÇÕES DE CUSTO

FUNDAMENTOS DE CONTABILIDADE
Volume 5

Contempla as Normas Internacionais de Contabilidade.
Indicado para não contadores.

São Paulo
2020

Av. Doutora Ruth Cardoso, 7221, 1º Andar
Pinheiros – São Paulo – SP – CEP: 05425-902

SAC Dúvidas referentes a conteúdo editorial, material de apoio e reclamações:
sac.sets@somoseducacao.com.br

Direção executiva	Flávia Alves Bravin
Direção editorial	Renata Pascual Müller
Gerência editorial	Rita de Cássia S. Puoço
Editora de aquisições	Rosana Ap. Alves dos Santos
Editoras	Paula Hercy Cardoso Craveiro
	Silvia Campos Ferreira
Assistente editorial	Rafael Henrique Lima Fulanetti
Produtor editorial	Laudemir Marinho dos Santos
Serviços editoriais	Juliana Bojczuk Fermino
	Kelli Priscila Pinto
	Marília Cordeiro
Preparação	Halime Musser
Revisão	Vero Verbo Serviços Editoriais
Diagramação	Join Bureau
Impressão e acabamento	Bartira

DADOS INTERNACIONAIS DE CATALOGAÇÃO NA PUBLICAÇÃO (CIP)
Angélica Ilacqua CRB-8/7057

Ribeiro, Osni Moura
  Noções de custo / Osni Moura Ribeiro. – São Paulo: Érica, 2020.
  176 p. (Fundamentos de Contabilidade; vol. 5)

  Bibliografia
  ISBN 978-85-365-3271-4

  1. Contabilidade de custos 2. Custos 3. Custos industriais 4. Materiais 6. Preços - Determinação I. Título

19-2476
CDU 657
CDD 657

Índices para catálogo sistemático:
1. Contabilidade: custos

Copyright © Osni Moura Ribeiro
2020 Saraiva Educação
Todos os direitos reservados.

1ª edição

Nenhuma parte desta publicação poderá ser reproduzida por qualquer meio ou forma sem a prévia autorização da Saraiva Educação. A violação dos direitos autorais é crime estabelecido na Lei n. 9.610, de 1998, e punido pelo art. 184 do Código Penal.

CO 646660   CL 642513   CAE 717443

APRESENTAÇÃO

Depois de lecionar Contabilidade para grupos heterogêneos de estudantes por mais de 45 anos e de ter disponibilizado no mercado, em parceria com a Editora Saraiva, mais de duas dezenas de livros, todos versando sobre a ciência contábil e dirigidos a estudantes e profissionais que atuam na área contábil, decidimos escrever a série **Fundamentos de Contabilidade**, para a Editora Érica.

Indicada para não contabilistas, esta série, que trata dos fundamentos de Contabilidade, é composta por cinco volumes e foi cuidadosamente preparada com linguagem objetiva e de fácil entendimento, seguindo a mesma metodologia de parte dos 21 livros que foram escritos por mim entre 1983 e 2018. Este livro teve origem na obra *Contabilidade de Custos*, da série Em Foco, de minha autoria, publicada pelo selo SaraivaUni.

A Contabilidade é uma ciência presente em todos os setores das atividades humanas, e seu conhecimento ajuda as pessoas não só no desenvolvimento de suas atividades profissionais, como também no gerenciamento de seus negócios particulares.

Os estudantes de Contabilidade e os contabilistas (profissionais que atuam na área contábil) encontram nesses livros os conhecimentos necessários para o bom desenvolvimento de seus estudos e o bom desempenho de suas atividades profissionais. Os estudantes e os profissionais de outras áreas, bem como as pessoas em geral, todos considerados não contabilistas, que, em seus estudos, no exercício de suas atividades profissionais ou mesmo no gerenciamento de seus negócios particulares necessitam de conhecimentos de Contabilidade, encontram, a partir de agora, nos livros da série **Fundamentos de Contabilidade**, as informações necessárias para alcançar seus intentos.

Por que esta série é indicada para não contabilistas? Porque, por tratar dos fundamentos de Contabilidade, ela foi escrita com base somente em normas contábeis, sem interferência de legislação alguma.

Qual é a proposta dos livros da série **Fundamentos de Contabilidade**? Oferecer a você os fundamentos de Contabilidade, conhecimentos necessários para que possa entender e interpretar com facilidade as informações apresentadas nas Demonstrações Contábeis, produtos finais da Contabilidade.

Assim, no Volume 1 você estuda e aprende as noções de Contabilidade, adquirindo o pleno domínio do mecanismo do débito e do crédito, conhecimento imprescindível que o habilita a estudar e compreender com muita facilidade qualquer assunto envolvendo a Ciência Contábil; no Volume 2, você avança um pouco mais nos estudos e aprende a apurar o resultado do período (exercício social) de empresas comerciais aplicando o regime de competência; no Volume 3, você estuda a estrutura das Demonstrações Contábeis, aprende a elaborá-las e fica sabendo o que é, para que serve e como extrair informações úteis de cada uma delas; no Volume 4, você amplia um pouco mais seus conhecimentos, aprendendo a interpretar e analisar os dados apresentados nas Demonstrações Contábeis; e, no Volume 5, você complementa seus conhecimentos estudando e aprendendo as noções de custos com ênfase no custo industrial.

Nosso maior propósito é colaborar para que o ensino e a aprendizagem da Contabilidade fiquem cada vez mais fáceis e acessíveis a um número cada vez maior de pessoas interessadas.

O autor

SOBRE O AUTOR

Osni Moura Ribeiro é bacharel em Ciências Contábeis e professor de Contabilidade Geral, Comercial, Intermediária, Avançada, Gerencial, Pública, Tributária, de Custos, Auditoria e Análise de Demonstrações Contábeis.

Já ocupou cargo de contador, analista contábil, inspetor contábil, auditor e agente fiscal de rendas da Secretaria da Fazenda do Estado de São Paulo.

Atua como auditor e consultor de órgãos públicos e empresas particulares. É, ainda, palestrante e autor de diversas obras publicadas pela Saraiva Educação.

SUMÁRIO

CAPÍTULO 1 – O CUSTO É FÁCIL 13

  1.1   Introdução 14

  1.2   O desafio da terminologia 23

CAPÍTULO 2 – CONCEITOS DE CUSTOS 25

  2.1   Introdução 26

  2.2   Gastos, Desembolsos, Investimentos, Custos e Despesas 26

      2.2.1   Gastos 26

      2.2.2   Desembolsos 27

      2.2.3   Investimentos 27

      2.2.4   Custos 27

      2.2.5   Despesas 27

      2.2.6   Gasto com parte despesa e parte custo 28

      2.2.7   Diferença entre custo e despesa 28

  2.3   Custo de Fabricação 29

      2.3.1   Conceito 29

      2.3.2   Elementos 29

          2.3.2.1   Materiais 30

          2.3.2.2   Mão de Obra 30

          2.3.2.3   Gastos Gerais de Fabricação 31

      2.3.3   Classificação do Custo de Fabricação 36

          2.3.3.1   Em relação aos produtos 36

          2.3.3.2   Em relação ao volume de produção 37

CAPÍTULO 3 – CUSTO DOS PRODUTOS, DAS MERCADORIAS E DOS SERVIÇOS 41

  3.1   Custo dos Produtos Vendidos 42

      3.1.1   Conceito 42

      3.1.2   Demonstração do Custo dos Produtos Vendidos (Modelo) 43

      3.1.3   Expressões Técnicas utilizadas na DCPV 44

          3.1.3.1   Custo das Matérias-primas Disponíveis (item 3 da DCPV) 44

          3.1.3.2   Custo das Matérias-primas Aplicadas (item 5 da DCPV) 45

3.1.3.3	Custo Primário (item 7 da DCPV)	45
3.1.3.4	Custo de Transformação	45
3.1.3.5	Custo de Produção do Período (item 11 da DCPV)	46
3.1.3.6	Custo de Produção (item 13 da DCPV)	46
3.1.3.7	Custo da Produção Acabada no Período (item 15 da DCPV)	46
3.1.3.8	Custo dos Produtos Disponíveis para Venda (item 17 da DCPV)	46

3.1.4 Fórmula Simplificada para Apuração do Custo de Produção do Período 47

3.2 Custo das Mercadorias Vendidas 54

3.3 Custo dos Serviços Prestados 55

3.4 Sistemas de Custeio 59

CAPÍTULO 4 – MATERIAIS 63

4.1 Conceito 64

4.2 Classificação 64

    4.2.1 Materiais Diretos 64

    4.2.2 Materiais Indiretos 64

4.3 Estoques de Materiais 65

    4.3.1 Almoxarifado 65

    4.3.2 Mercadorias 66

    4.3.3 Produtos Acabados 67

    4.3.4 Produtos em Elaboração 67

    4.3.5 Matérias-primas 68

    4.3.6 Materiais Secundários 68

    4.3.7 Materiais Auxiliares 68

    4.3.8 Materiais de Acondicionamento e Embalagem 68

    4.3.9 Subprodutos 69

    4.3.10 Sucatas 71

    4.3.11 Materiais de Consumo 72

        4.3.11.1 Materiais de escritório (ou de expediente) 72

        4.3.11.2 Materiais de informática 73

        4.3.11.3 Materiais de higiene e limpeza 73

        4.3.11.4 Materiais de manutenção 73

4.4 Compras de materiais 75

4.5 Fatos que alteram os valores das compras 76

    4.5.1 Fretes e seguros sobre compras 76

    4.5.2 Compras anuladas ou devoluções de compras 77

    4.5.3 Abatimento sobre compras 78

    4.5.4 Descontos incondicionais obtidos 79

    4.5.5 Juros embutidos nas compras a prazo 80

4.6	Vendas de materiais	81
4.7	Fatos que alteram os valores das vendas	83
	4.7.1 Vendas anuladas ou devoluções de vendas	83
	4.7.2 Abatimentos sobre vendas	83
	4.7.3 Descontos incondicionais concedidos	84
	4.7.4 Juros embutidos nas vendas a prazo	85

CAPÍTULO 5 – INVENTÁRIO DE MATERIAIS 89

5.1	Introdução	90
5.2	Critérios de Avaliação dos Estoques de Bens Adquiridos	90
	5.2.1 Introdução	90
	5.2.2 Critério do Custo (ou Preço) Específico	91
	5.2.3 Critério PEPS	91
	5.2.4 Critério UEPS	94
	5.2.5 Critério do Custo (ou Preço) Médio Ponderado Móvel	94
	5.2.6 Critério do Custo (ou Preço) Médio Ponderado Fixo	95
	5.2.7 Qual dos critérios deve ser utilizado?	97
	5.2.8 Contabilização dos estoques	98
	5.2.9 Critério do Preço de Venda Diminuído da Margem de Lucro	99
5.3	Critérios de Avaliação dos Estoques de Produtos Acabados e em Elaboração	103
5.4	Transferências para Produção	103
5.5	Divergências entre o Estoque Físico e o Contábil	104
5.6	Quebras ou Perdas de Estoque	105

CAPÍTULO 6 – MÃO DE OBRA E GASTOS GERAIS DE FABRICAÇÃO 109

6.1	Mão de Obra	110
	6.1.1 Conceito	110
	6.1.2 Classificação	110
	6.1.2.1 Mão de Obra Direta	110
	6.1.2.2 Mão de Obra Indireta	110
	6.1.3 Contabilização da Mão de Obra Direta	110
	6.1.3.1 Gastos decorrentes da Folha de Pagamento	110
	6.1.3.1.1 Salários e encargos sociais	111
	6.1.4 Apropriação do Custo com Mão de Obra Direta aos Produtos	118
	6.1.5 Outros gastos com pessoal	119
	6.1.6 Contabilização da Mão de Obra Indireta	120
6.2	Gastos gerais de fabricação	122
	6.2.1 Conceito	122
	6.2.2 Classificação	123
	6.2.2.1 Gastos Gerais de Fabricação Diretos	123
	6.2.2.2 Gastos Gerais de Fabricação Indiretos	123

6.2.2.3 Contabilização dos Gastos Gerais de Fabricação................... 123

6.2.2.3.1 Introdução... 123

6.2.2.3.2 Gastos gerados e pagos no mês 124

6.2.2.3.3 Gastos gerados no mês e pagos no mês seguinte 125

6.2.2.3.4 Gastos pagos antes da ocorrência dos fatos geradores.. 125

6.2.2.4 Rateio dos Gastos Gerais de Fabricação.................................. 128

6.3 Resumo 130

CAPÍTULO 7 – CUSTO-PADRÃO 135

7.1 Conceitos de Custo-padrão e de Custo Real 136

7.2 Fixação do Custo-padrão 137

7.3 Variações entre o Custo-padrão e o Custo Real 139

7.4 Esquema Técnico para Contabilização do Custo-padrão.................... 141

CAPÍTULO 8 – PONTO DE EQUILÍBRIO 151

8.1 Conceito e finalidade 152

8.2 Importância do ponto de equilíbrio na atividade industrial 152

8.3 Tipos de Ponto de Equilíbrio... 154

8.3.1 Introdução 154

8.3.2 Ponto de Equilíbrio Contábil (PEC) 155

8.3.3 Ponto de Equilíbrio Econômico (PEE) 156

8.3.4 Ponto de Equilíbrio Financeiro (PEF) 158

CAPÍTULO 9 – FIXAÇÃO DO PREÇO DE VENDA 163

9.1 Introdução 164

9.2 Composição do Preço de Venda 165

9.2.1 Custos 165

9.2.2 Despesas.. 166

9.2.3 Margem de lucro... 166

9.3 Cálculo do Preço de Venda 167

9.4 Taxa de Marcação (*Markup* Multiplicador ou *Markup* Divisor) 168

9.5 Ficha Técnica 170

9.6 Considerações finais 171

MENSAGEM FINAL 174

BIBLIOGRAFIA.. 175

CAPÍTULO

1 ▶

O CUSTO É FÁCIL

1.1 Introdução

Vamos acompanhar Gilda na cozinha:

Receita: Doce de cidra

Ingredientes

- 8 quilos de cidra
- 1,5 quilo de açúcar
- 150 gramas de coco ralado
- 6 gramas de cravo-da-índia
- 3 xícaras de água

Modo de fazer

Em uma panela grande, coloque a cidra descascada e cortada em pequenos pedaços para cozinhar. Adicione a água compassadamente, mexendo de vez em quando até secar.

Depois, coloque o açúcar e o cravo-da-índia, mexa bem e apure por aproximadamente 50 minutos. Então, acrescente o coco ralado e deixe em fogo brando por mais 25 minutos, mexendo constantemente.

Tempo de preparo

2h30 – sendo 1h15 de cozimento e 1h15 de apuração.

Rendimento

Aproximadamente 5 quilos de doce.

Após cerca de 4 horas de trabalho (incluindo tempo de preparo, compra dos ingredientes, cozimento, apuração e embalagem), o doce de cidra ficou pronto.

Com 8 quilos de cidra foram feitos 5 quilos de doce.

Perguntamos: qual é o custo desse doce?

Quando você vai a uma confeitaria e compra um doce, o custo do doce que você comprou é o preço que pagou por ele. Entretanto, para que Gilda conheça o custo do doce que fez, ela precisa, inicialmente, somar todos os valores que gastou na compra dos ingredientes.

Suponhamos os seguintes valores pagos pelos ingredientes:

• 8 quilos de cidra	$ 10,40
• 1,5 quilo de açúcar	$ 2,25
• 150 gramas de coco ralado	$ 3,25
• 6 gramas de cravo-da-índia	$ 0,51
• Total	$ 16,41

Pronto! Gilda gastou $ 16,41 na compra dos ingredientes. Contudo, essa soma corresponde apenas a uma parte do custo de fabricação.

Porém, para fabricar o doce de cidra, além dos ingredientes, Gilda usou: o espaço de sua cozinha, gás, energia elétrica, fogão, mesa, panela, colher, faca, água, cinco recipientes de matéria plástica (capacidade de 1 quilo cada) e 4 horas de trabalho. Todos esses elementos que contribuíram para que Gilda fizesse o doce de cidra também devem integrar o custo de fabricação.

Observe que, na fabricação do doce de cidra, foram utilizados três elementos:

- **Materiais:** são os itens utilizados no processo de fabricação, que podem ou não ser usados na composição do produto. No exemplo em questão, compreendem todos os ingredientes que foram aplicados, além dos cinco recipientes utilizados para acondicionar o produto final.
- **Mão de Obra**: é o trabalho do indivíduo ou da equipe que fabrica os produtos. No exemplo em questão, compreende às 4 horas trabalhadas por Gilda.
- **Gastos Gerais de Fabricação (GGF)**: correspondem aos demais gastos que interferem na fabricação, os quais, pela própria natureza, não se enquadram como materiais para produção ou como mão de obra. No exemplo em questão, envolvem os gastos com aluguel, gás, energia elétrica e com a depreciação[1] dos móveis e utensílios (fogão, mesa, panela, colher e faca).

Portanto, a soma dos valores gastos com materiais, Mão de Obra e Gastos Gerais de Fabricação representará o custo de fabricação dos 5 quilos do doce de cidra.

É preciso considerar ainda que, entre os três elementos que compõem o custo dos produtos, alguns concorrem de forma direta na fabricação e outros de forma indireta.

Chamamos de Custos Diretos os elementos cujas quantidades e valores são facilmente identificáveis em relação ao produto fabricado. Não há dificuldade em atribuir esses custos aos produtos.

Chamamos de Custos Indiretos os elementos cujas quantidades e valores não são facilmente identificados nos produtos fabricados. A atribuição desses custos aos produtos não é tão simples. Para calculá-los, é preciso adotar critérios que podem ser estimados ou até mesmo arbitrados.

Na fabricação do doce de cidra, concorreram de forma direta os ingredientes (cidra, açúcar, coco ralado e cravo-da-índia, bem como os recipientes para embalagem) e a mão de obra (trabalho de Gilda); concorreram de forma indireta, o aluguel, o gás, a energia elétrica e a depreciação dos móveis e dos utensílios.

Calcular os gastos de fabricação e incluí-los no custo dos produtos seria simples se, durante um período determinado (por exemplo, durante um mês), a empresa tivesse fabricado apenas um tipo de produto. Consideramos o processo de fabricação iniciado no primeiro dia do mês e concluído no último dia do mesmo mês. Nesse caso, bastaria somar todos os gastos incorridos durante o mês para se conhecer o custo de fabricação daquele produto.

No entanto, nem sempre as empresas industriais fabricam um só tipo de produto e nem sempre o processo de fabricação inicia e termina coincidindo com o primeiro e o último dia do mês. Além disso, as empresas podem fabricar produtos de características diferentes, com

---

[1] Veja detalhes sobre depreciação na seção 6.2.2.3.4, do Capítulo 6 deste livro.

Capítulo 1 · O Custo é Fácil

aplicação de materiais que variam em quantidade e tipo, além de necessitar de um número maior ou menor de horas de trabalho para sua fabricação.

Dessa forma, ao se atribuir custos aos produtos, é preciso considerar que os três elementos componentes do custo poderão concorrer de forma direta ou indireta no processo de fabricação.

Normalmente, os Materiais e a Mão de Obra concorrem de forma direta, enquanto os Gastos Gerais de Fabricação concorrem de forma indireta. Mas é preciso sempre lembrar que os três elementos poderão possuir parte direta e parte indireta.

No exemplo da fabricação do doce de cidra, vamos assumir os seguintes valores para os gastos gerais de fabricação:

- aluguel mensal da casa de Gilda: $ 660;
- gasto com consumo de energia elétrica durante o mês: $ 110;
- preço de um botijão de gás de 13 quilos: $ 26;
- depreciação dos móveis e utensílios: embora Gilda não seja uma empresa, vamos assumir que a quota de depreciação anual de fogão, mesa e demais utensílios seja de $ 116,16.

Entretanto, esses custos indiretos não poderão ser atribuídos integralmente ao custo de fabricação dos 5 quilos de doce de cidra, uma vez que se referem a gastos de um mês e o doce foi fabricado em apenas 4 horas de trabalho.

Dessa forma, é preciso aplicar cálculos criteriosos para encontrar os custos indiretos, visto que nem sempre são facilmente identificados em relação a cada produto fabricado.

Podemos concluir então que, em relação aos produtos fabricados, o custo pode ser dividido em duas partes:

1. **Custos Diretos**: aqueles que podem ser identificados facilmente em relação a cada produto fabricado.
2. **Custos Indiretos:** aqueles que não podem ser facilmente identificados em relação a cada produto fabricado. Sua determinação está condicionada ao cumprimento de regras e a cálculos mais detalhados.

É lógico que, ao comer o doce de cidra, você não comerá gás ou energia elétrica. Entretanto, esses elementos contribuíram para que a fabricação fosse possível, e, por isso, integram o custo de fabricação.

Os Custos Indiretos de Fabricação são assim denominados porque não correspondem a gastos realizados especificamente para a fabricação desse ou daquele produto. Na empresa industrial, eles se referem a toda a produção de um período. O gasto com aluguel, quando a empresa não possui prédio próprio, por exemplo, é indispensável para que o local possa operar. Porém, como esse gasto não está ligado diretamente à produção de determinado produto, ele deverá ser proporcionalmente distribuído entre todos produtos fabricados pela empresa durante o mês. Essa distribuição deve ser feita por critérios que, como já comentamos, serão estimados ou arbitrados conforme cada caso em particular.

A distribuição proporcional necessária para atribuir aos produtos o valor dos Custos Indiretos de Fabricação (aluguel, energia elétrica etc.) é tecnicamente denominada rateio.

Noções de Custo

Convém ressaltar que o rateio pode ser utilizado também para atribuir alguns custos diretos aos produtos.

Veja, então, os cálculos para o rateio dos custos indiretos que estão inseridos no custo de fabricação dos 5 quilos de doce de cidra.

Aluguel

- **Bases de rateio:** área ocupada e horas trabalhadas.

  Assumimos que o aluguel mensal seja de $ 660 e que a área ocupada pela cozinha em relação ao imóvel total corresponda a 10%.

  Teremos: 10% de $ 660 = $ 66.

  Esse valor encontrado de $ 66 corresponde ao aluguel mensal somente da cozinha.

  Vamos levar em conta que: a fabricação do doce de cidra demorou 4 horas (meio dia de trabalho – considerando um turno diário de 8 horas); no mês, temos 22 dias úteis, descontando sábados e domingos. Logo, faremos: $ 66/22 dias = $ 3 por dia.

  Para meio dia de trabalho, o valor do aluguel será de $ 1,50.

Gás

- **Base de rateio:** horas trabalhadas.

  Vamos considerar que o botijão de gás de 13 quilos custou $ 26 e que (hipoteticamente), para consumir todo o gás contido no botijão, seja necessário que uma boca do fogão fique ligada durante 130 horas. Logo, para cada hora de gás consumido gasta-se $ 0,20. Se, para fazer o doce de cidra, uma boca do fogão ficou acesa durante 2 horas e meia, o custo do gás consumido é dado por: $ 2,5 horas × $ 0,20 = $ 0,50.

Energia elétrica

- **Bases de rateio:** área de iluminação e horas trabalhadas.

  Existem vários critérios que podem ser adotados para o rateio do custo com energia elétrica. Por exemplo, é possível considerar o número de aparelhos existentes em cada cômodo da casa, como refrigerador, forno de micro-ondas, televisores, computador, máquina de lavar etc.; com base nas lâmpadas existentes em cada cômodo; com base na área de iluminação do imóvel etc.

  No entanto, por razão de simplificação, vamos considerar apenas que a energia seja utilizada para iluminação do imóvel. Também, para simplificar, vamos assumir que a cozinha ocupe 10% de toda área que recebe iluminação na casa.

  Considerando que o gasto com energia elétrica do mês tenha sido de $ 110, faremos:

  10% de $ 110 = $ 11 por mês.

  $ 11/22 dias úteis = $ 0,50 por dia.

  Metade do dia será igual a $ 0,25.

Depreciação de móveis e utensílios

- **Base de rateio:** horas trabalhadas.

  Por meio da depreciação, é possível incluir parte do valor gasto na aquisição dos bens de uso como despesa ou custo de um período.

No exemplo em foco, temos os seguintes bens de uso: fogão, mesa, panela, colher e faca.

Os bens de pequeno valor (a panela, a colher e a faca) normalmente não estão sujeitos a depreciação, uma vez que devem ser considerados como despesa no período em que foram adquiridos.

Como nosso propósito aqui não é estudar profundamente a depreciação, vamos considerar que a quota mensal de depreciação dos móveis e dos utensílios utilizados na cozinha de Gilda seja de $ 9,68.

Considerando que esses bens sejam utilizados durante um turno diário de 8 horas, durante 22 dias por mês, faremos:

$ 9,68/22 dias = $ 0,44 por dia.

Metade do dia de depreciação será igual a $ 0,22.

Observações

▸ Adotamos o número de horas utilizadas na fabricação do doce de cidra como base de rateio comum para os Custos Indiretos.

▸ O critério das horas trabalhadas é um dos muitos que existem para ratear Custos Indiretos aos produtos. Cada empresa, de acordo com a característica do seu processo de produção, deve optar pelo critério que melhor se ajuste à sua realidade.

▸ A relação custo × benefício é outro aspecto importante a ser considerado no momento de definição dos critérios para se atribuir custos indiretos aos produtos. Para ratear os Custos Indiretos de Fabricação há necessidade de efetuar cálculos que, em alguns casos, podem apresentar resultados inexatos. Assim, há situações em que o uso de determinado critério para cálculo, devido ao pequeno valor que o custo representa em relação ao custo total do produto, fica tão oneroso para a empresa, que é preferível buscar outras formas mais racionais para atribuir certos Custos Indiretos aos produtos. Em nosso exemplo, a água entrou na fabricação em quantidade tão pequena que nem a consideramos. Durante a preparação do doce na cozinha, Gilda certamente teve outros gastos com o uso de pano de prato, toalha de papel, detergente etc., que pelo inexpressivo valor também não foram considerados.

Para completar o custo de fabricação dos 5 quilos de doce de cidra, falta, então, efetuar os cálculos para determinar o valor da mão de obra direta, isto é, o trabalho de Gilda. Veja:

Mão de Obra

- **Base de rateio:** horas trabalhadas.

    A Mão de Obra Direta é aquela utilizada na fabricação de cada produto. No setor de produção das empresas, há um ou mais colaboradores incumbidos de fazer esse controle, para facilitar a distribuição do gasto com mão de obra direta para cada produto.

    No caso de Gilda, vamos considerar o salário mensal de uma confeiteira, no valor de $ 880.

Noções de Custo

Faremos:

$ 880/22 dias úteis = $ 40 por dia.

Metade do dia de trabalho corresponde a $ 20.

Veja, a seguir, o cálculo do custo de fabricação dos 5 quilos de doce de cidra:

CUSTOS DIRETOS
Materiais

• 8 quilos de cidra	$ 10,40
• 1,5 quilo de açúcar	$ 2,25
• 150 gramas de coco ralado	$ 3,25
• 6 gramas de cravo-da-índia	$ 0,51
• 5 recipientes para embalagem	$ 5,00
Total dos materiais	$ 21,41

Mão de Obra Direta

• Salário de Gilda	$ 20,00
Total dos Custos Diretos	$ 41,41

CUSTOS INDIRETOS
Gastos Gerais de Fabricação

• Aluguel	$ 1,50
• Gás	$ 0,50
• Energia elétrica	$ 0,25
• Depreciação	$ 0,22
Total dos Custos Indiretos	$ 2,47
Custo total	$ 43,88

Após os cálculos, podemos afirmar que o custo de fabricação dos 5 quilos de doce de cidra foi igual a $ 43,88.

Até aqui, você aprendeu que o custo corresponde à soma dos gastos necessários para a fabricação de um produto.

Aprendeu também que o custo é composto por três elementos: materiais, mão de obra e gastos gerais de fabricação. Esses três elementos poderão conter parte direta e parte indireta.

O objetivo nesta introdução ao estudo do custo industrial foi apresentar, em linhas gerais, os componentes básicos do Custo, para que você compreenda o que trataremos neste livro.

Suponhamos, agora, que Gilda tenha decidido ampliar a sua produção, desejando fazer, além do doce de cidra, outros tipos de doces, inclusive bolos para comercializar. Para isso, ela construiu uma cozinha maior, comprou fogões mais adequados e muitos outros utensílios; contratou empregados, atribuindo-lhes funções de comprar ingredientes, produzir e vender seus produtos, sempre sob sua supervisão.

Gilda já está produzindo dez variedades de doces e cinco de bolos; aceita encomendas para aniversários, casamentos etc.

Capítulo 1 · O Custo é Fácil

A essa altura dos acontecimentos, você deve estar indagando:

- Como Gilda faz para identificar o custo de cada produto?
- Se ela utiliza a mesma cozinha e os mesmos fogões e os demais utensílios para fabricar vários doces e bolos, que critério ela usa para ratear os Custos Indiretos de Fabricação, como aluguel, gás, energia elétrica para cada produto?
- Para que os preços de venda sejam fixos e para facilitar os cálculos, existe maneira de padronizar o custo de alguns produtos?
- É obrigatório calcular o custo de cada produto ou pode-se apurar o custo global da produção de um mês ou um ano?

Certamente, você já percebeu que, quanto mais simples for o processo de fabricação, menos engenhosos serão os cálculos para se chegar aos custos dos produtos fabricados.

Conforme uma indústria diversifica sua produção e cresce, surge a necessidade de estabelecer outros critérios e detalhar cada vez mais os seus controles.

Portanto, você encontrará nas seções e nos capítulos deste livro as respostas para essas e outras perguntas.

Contudo, conforme vimos anteriormente, cada empresa, dependendo do seu porte, dos tipos de produtos que fabrica e dos interesses de seus proprietários, poderá adotar critérios mais ou menos sofisticados para controle e apuração dos custos de fabricação dos seus produtos.

No momento, é suficiente saber que o custo de fabricação de um produto, seja um simples cabo de vassoura ou um sofisticado foguete aeroespacial, sempre será igual à soma dos gastos com Materiais, Mão de Obra e Gastos Gerais de Fabricação.

Atividades Teóricas

1. Responda:
    1.1 Paula faz salgadinhos para aniversários, casamentos e outras celebrações.
        a) Tecnicamente, como se denominam os ingredientes que Paula utiliza para fazer salgadinhos?
        b) Tecnicamente, como se denominam os gastos que Paula tem com o trabalho dos colaboradores que a ajudam na fabricação?
        c) Tecnicamente, como se denominam os demais gastos que Paula tem para fabricar os salgadinhos, como a energia elétrica e o aluguel?
    1.2 Quantos e quais são os elementos que compõem o custo de fabricação?
    1.3 O que são Gastos Gerais de Fabricação? Cite quatro exemplos.
    1.4 O que você entende por custos diretos?
    1.5 O que são custos indiretos?
    1.6 Em que circunstância a carga total dos custos incorridos durante um mês deve ser atribuída totalmente a um só produto?
    1.7 Tendo em vista que os custos indiretos não são facilmente identificados em relação a cada produto, como eles serão atribuídos aos produtos?

1.8 Uma empresa industrial adquiriu uma máquina para utilizar no processo de produção, tendo pago por ela, em dinheiro, $ 200.000. O valor gasto na compra dessa máquina integrará o custo dos produtos fabricados? Se a resposta for positiva, explique como isso é possível.

2. **Classifique as afirmativas em falsas (F) ou verdadeiras (V):**

   2.1 ( ) O custo de fabricação pode ser apurado pela seguinte fórmula: CF = Materiais + Mão de Obra + Gastos Gerais de Fabricação.

   2.2 ( ) Os materiais e a mão de obra normalmente correspondem a custos diretos, enquanto os gastos gerais de fabricação normalmente são indiretos, embora deva-se considerar que os três elementos poderão conter parte direta e parte indireta.

   2.3 ( ) Os Custos Indiretos de Fabricação são assim denominados porque não correspondem a gastos realizados especificamente para esse ou aquele produto.

   2.4 ( ) Os gastos necessários para a fabricação de um produto denominam-se Gastos Gerais de Fabricação.

3. **Escolha a alternativa correta:**

   3.1 Em relação aos materiais, à mão de obra e aos gastos gerais de fabricação, podemos afirmar que:

   a) Todos integram o custo de fabricação.

   b) Todos serão considerados sempre como custos diretos, uma vez que integram o produto.

   c) Os materiais e a mão de obra poderão ser diretos enquanto os gastos gerais de fabricação somente corresponderão custos indiretos.

   d) Todos poderão possuir parte direta e parte indireta.

   e) As alternativas "b" e "c" estão incorretas.

   3.2 A distribuição proporcional que se faz para atribuir aos produtos os Custos Indiretos denomina-se:

   a) Rateio.

   b) Custo Direto.

   c) Custo Indireto.

   d) Mão de obra aplicada.

   e) Custo de fabricação ou de produção do período.

   3.3 O critério adotado para rateio dos custos indiretos aos produtos:

   a) pode variar conforme a realidade de cada empresa.

   b) poderá ser estimado ou arbitrado pelo governo.

   c) uma vez adotado pela empresa para rateio dos custos indiretos para determinado produto, deverá ser adotado para os demais.

   d) poderá ser maleável quando o custo com materiais e mão de obra direta atingirem a 70% do custo total.

   e) Todas as alternativas estão incorretas.

   3.4 O custo de fabricação é:

   a) composto por três elementos: materiais, mão de obra e materiais indiretos.

   b) impossível de ser calculado quando a empresa fabricar mais de um produto.

c) composto somente pelos custos indiretos.
d) composto pelo custo dos materiais, da mão de obra e dos gastos gerais de fabricação.
e) Todas as alternativas estão incorretas.

3.5 O salário pago aos colaboradores que trabalham diretamente na produção, manipulando os materiais, classifica-se como:
a) Materiais, porque os colaboradores manipulam os materiais.
b) Gastos gerais de fabricação se, porventura, o total gasto não possa ser identificado com os produtos fabricados.
c) Serviços de terceiros e, por esse motivo, no grupo dos GGF.
d) Somente a alternativa "b" está errada.
e) Todas as alternativas estão incorretas.

3.6 Doroteia fez um delicioso bolo de laranja. Gastou $ 15 na compra dos ingredientes. Considerando que: somente 60% dos ingredientes foram aplicados na produção; os gastos gerais corresponderam a 50% do custo dos ingredientes aplicados; e que a mão de obra foi igual a 100% do custo dos ingredientes adquiridos, podemos afirmar que o custo de fabricação do bolo de laranjas foi igual a:
a) $ 15.
b) $ 46,50.
c) $ 31,50.
d) $ 43,50.
e) $ 28,50.

Atividades Práticas

Ajude dona Anna a calcular o Custo de Fabricação de um bolo de aniversário. No supermercado, ela gastou (valores hipotéticos):

- $ 3,50 por 5 kg de farinha de trigo (usou 2 kg);
- $ 3 por 5 kg de açúcar (usou 1 kg);
- $ 3,60 por 3 dúzias de ovos (usou uma dúzia);
- $ 0,80 por 100 gramas de fermento;
- $ 1,20 por 500 gramas de manteiga (usou 250 g);
- $ 5,40 por 3 latas de leite condensado;
- $ 4,80 por 3 caixas de chantilly;
- $ 0,80 por 1 litro de leite;
- $ 2,00 por uma caixa de morangos.

Dona Anna trabalhou durante 3 horas para fazer o bolo (considere um salário de $ 15 pelas 3 horas de trabalho). Os demais gastos necessários para a fabricação foram:

- energia elétrica: $ 0,60 (correspondentes às 3 horas de trabalho);
- gás: $ 0,50 (correspondentes ao consumo para assar o bolo);
- aluguel: $ 5 (correspondendo ao valor proporcional já calculado, pelo tempo de uso da cozinha).

Calcular:

a) Custo dos materiais aplicados.
b) Custo da mão de obra aplicada.
c) Custo dos gastos gerais de fabricação.
d) Custos Diretos.
e) Custos Indiretos.
f) Custo total de fabricação.

1.2 O desafio da terminologia

No livro *Noções de Contabilidade*, volume 1 desta série, alertamos o leitor acerca do desafio da terminologia. Vimos que a contabilidade possui linguagem própria e que muitos termos, palavras ou expressões utilizadas em nosso dia a dia podem assumir significados diferentes quando utilizados pela terminologia contábil. Também vimos que a conscientização desse fato, devido à riqueza de sinônimos existentes em determinados idiomas, como ocorre na língua portuguesa, pode facilitar a aprendizagem.

A Contabilidade de Custos, como não poderia deixar de ser, também possui terminologia própria. Há um conjunto de palavras, termos ou expressões técnicas que são comumente usados na área de produção e nas demais áreas que integram o patrimônio das empresas industriais.

Dessa forma, para que esses termos, palavras e expressões técnicas sejam facilmente compreendidos, é preciso analisá-los e entender os seus significados sob o ponto de vista da Contabilidade de Custos. Eles serão devidamente explicados com muita clareza conforme forem surgindo ao longo deste livro.

Até aqui alguns deles já apareceram e foram explicados, embora de maneira sucinta, como Materiais, Mão de Obra, Gastos Gerais de Fabricação, Custos Diretos, Custos Indiretos, Rateio, Bases de Rateio, além de outros. Lembra-se?

Por último, vale ressaltar que a inobservância da terminologia pode não interferir no resultado, porém, observando-a corretamente, fica mais fácil compreender a composição do custo de fabricação.

Capítulo 1 · O Custo é Fácil

CAPÍTULO

2 ▶

CONCEITOS DE CUSTOS

2.1 Introdução

Antes de estudar os mecanismos utilizados para a contabilização do Custo Industrial, é necessário conhecer alguns conceitos básicos, que facilitarão o entendimento da matéria.

Alguns professores e escritores preferem iniciar o ensino da Contabilidade de Custos ressaltando a questão da terminologia como fator importante na aprendizagem, conforme comentamos na Seção 1.2 deste livro.

Neste Capítulo 2, explicaremos os significados dos principais termos, palavras e expressões técnicas utilizados na Contabilidade de Custos, sem esgotá-los, evidentemente. Sempre que novos termos surgirem nos capítulos seguintes, eles também serão explicados.

A palavra Custo possui significado muito abrangente. Veja alguns exemplos a seguir:

- em uma empresa comercial, pode ser utilizada para representar o custo de compras de mercadorias, o custo de mercadorias disponíveis para venda, o custo das mercadorias vendidas etc.;
- em uma empresa industrial, pode ser utilizada para representar o custo de compra de matérias-primas, o custo das matérias-primas disponíveis, o custo das matérias-primas aplicadas no processo de fabricação, o custo direto de fabricação, o custo indireto de fabricação, o custo da produção acabada no período, o custo dos produtos vendidos etc.;
- em uma empresa de prestação de serviços, pode ser utilizada para representar o custo dos materiais adquiridos para aplicação na prestação de serviços, o custo dos serviços prestados etc.

Assim, você precisa ter consciência de que poderá encontrar conceitos distintos de custo. Procure analisar esses conceitos, de acordo com o enfoque que estiver sendo dado a cada caso em particular. Isso facilitará o seu raciocínio, tornando os estudos mais agradáveis.

Neste livro, nosso foco é estudar a empresa industrial e, mais precisamente, a função de produção nesse tipo de empresa. Priorizaremos o custo de fabricação, embora outros aspectos importantes também sejam tratados.

É importante destacar que as empresas industriais são estruturadas basicamente em três partes. Essas partes podem ser chamadas de áreas ou departamentos. Assim, a empresa industrial é composta pela área de produção (departamento de produção ou departamento produtivo), área administrativa (departamento administrativo ou departamento de administração) e área comercial (departamento comercial ou departamento de comercialização).

2.2 Gastos, Desembolsos, Investimentos, Custos e Despesas

2.2.1 Gastos

Todas as vezes que a empresa industrial pretende adquirir bens, seja para uso, troca, transformação ou consumo, ou ainda utilizar algum tipo de serviço, ela tem gastos. Esses gastos podem ser pagos à vista ou a prazo.

Por exemplo, se no momento de obter um bem há um pagamento, dizemos que o gasto foi pago à vista, pois houve desembolso de numerário no momento da compra. Se, no entanto, no momento da compra não ocorre o pagamento, o qual deverá ser feito posteriormente, dizemos que o gasto ocorreu para ser pago a prazo, pois não houve desembolso de numerário no momento da compra.

2.2.2 Desembolsos

Os desembolsos (pagamentos), que se caracterizam pelas entregas dos numerários aos fornecedores, podem ocorrer antes (pagamentos antecipados), no momento (pagamentos à vista) ou depois (pagamentos a prazo) da consumação do gasto. Entretanto, os desembolsos não interferem na classificação dos gastos em investimentos, custos ou despesas.

2.2.3 Investimentos

Os gastos que se destinam à obtenção de bens de uso da empresa (computadores, móveis, máquinas, ferramentas, veículos etc.) ou a aplicações de caráter permanente (compra de títulos – ações ou cotas – representativos do capital de outras empresas; de imóveis; de ouro etc.) são considerados investimentos.

Consideram-se ainda investimentos os gastos com a obtenção de bens destinados à troca (mercadorias), à transformação (matérias-primas, materiais secundários, materiais auxiliares e materiais de embalagem) ou ao consumo (materiais de expediente, higiene e limpeza), enquanto esses bens ainda não forem trocados, transformados ou consumidos.

2.2.4 Custos

Quando são realizados gastos para a obtenção de bens e serviços que serão aplicados diretamente na produção de outros bens, esses gastos correspondem a custos.

Chamamos de investimento quando os bens que serão aplicados no processo de fabricação são adquiridos em grandes quantidades e estocados. Esses bens somente deixarão de ser investimentos e passarão a ser custos quando forem retirados dos estoques e utilizados no processo de fabricação.

Portanto, os gastos realizados na área de produção somente serão considerados custos a partir do momento em que bens ou serviços decorrentes desses gastos forem incorporados ao processo de fabricação.

2.2.5 Despesas

Quando a empresa tem gastos para obter bens ou serviços que serão aplicados na área administrativa ou comercial, visando direta ou indiretamente à obtenção de receitas, esses gastos correspondem a despesas.

Chamamos de investimentos quando há gastos na compra de bens de consumo em grandes quantidades que serão estocados e posteriormente usados nas áreas administrativa ou comercial. Quando esses bens são retirados dos estoques para o consumo em determinadas áreas da empresa, eles deixam de ser investimento e são classificados como despesas.

Portanto, os gastos realizados com bens e serviços nas áreas administrativa e comercial somente serão considerados despesas a partir do momento em que ocorrer o consumo desses bens ou a utilização desses serviços.

2.2.6 Gasto com parte despesa e parte custo

Na empresa industrial, determinados gastos poderão conter parte despesa e parte custo. O aluguel do imóvel onde está instalada a empresa industrial, por exemplo, poderá beneficiar tanto a área de produção como as áreas administrativa e comercial. Nesse caso, a parcela do aluguel que beneficia a área de produção deve ser considerada como custo para integrar o custo dos produtos fabricados; já a parcela que beneficia as áreas administrativa e comercial deve ser considerada como despesa para influenciar no resultado do exercício.

A segregação do gasto com aluguel em despesa e custo é efetuada por meio do rateio. A melhor base para esse rateio é a área ocupada pelos departamentos de produção, administração e comercialização. Existem outros gastos que também poderão conter parte despesa e parte custo, como energia elétrica (quando não houver medidor que separe o consumo de cada área), imposto predial e territorial urbano, água e esgoto, e muitos outros.

2.2.7 Diferença entre custo e despesa

Um dos obstáculos enfrentados pelos estudantes de custos está em saber diferenciar um gasto quando ele representa despesa e quando ele representa custo.

Na Contabilidade de Custos, despesa e custo tecnicamente têm significados diferentes; quando utilizados como senso comum ou integrando terminologias de outras profissões, em certos casos, podem representar coisas semelhantes.

Para que você possa diferenciar custo de despesa em uma empresa industrial, é preciso ter em mente que o gasto considerado *custo* tem destino diferente do gasto considerado *despesa*. Portanto, pense assim:

- o destino do custo é o produto; o destino da despesa é o resultado. Logo, o custo vai para o produto e a despesa vai para o resultado;
- o gasto com despesa não será recuperado pela empresa, porque diminui o lucro;
- o gasto com custo será recuperado pela empresa por ocasião da venda do produto.

Veja melhor: a despesa, quando incorrida[1] e paga à vista, provoca diminuição do ativo, pela saída do dinheiro; quando reconhecida como incorrida, porém a ser paga no período seguinte, gera aumento no Passivo pelo compromisso assumido. Em ambos os casos, ela exerce função negativa no Patrimônio, diminuindo o Ativo e aumentando o Passivo. Em contrapartida, essas situações provocam diminuição do Patrimônio Líquido em decorrência da redução do lucro. Porém, o custo incorrido, ao integrar o valor do produto fabricado, será totalmente recuperado pela empresa na venda do respectivo produto.

---

[1] A expressão despesa incorrida é utilizada para representar a despesa que ocorreu e integrou o resultado de determinado período (mês ou ano). Da mesma forma, a expressão custo incorrido é utilizada para representar o custo que ocorreu e integrou a fabricação de produtos em determinado período (mês ou ano).

PARA MEMORIZAR

▸ O custo integra o produto; vai para o estoque e aumenta o Ativo Circulante.

▸ A despesa reduz o lucro; vai para o resultado e reduz o Patrimônio Líquido.

	Resumo
Gasto	Desembolso à vista ou a prazo para obtenção de bens ou serviços, independentemente da destinação que esses bens ou serviços possam ter na empresa.
Desembolso	É o mesmo que pagamento, ou seja, entrega de numerário antes, no momento ou depois da ocorrência dos gastos.
Investimentos	Compreendem basicamente os gastos com a aquisição dos bens de uso e dos bens que serão inicialmente mantidos em estoque para que futuramente sejam negociados, integrados ao processo de produção ou consumidos.
Custo	Compreende a soma dos gastos com bens e serviços aplicados ou consumidos na fabricação de outros bens.
Despesa	Compreende os gastos decorrentes do consumo de bens e da utilização de serviços das áreas administrativa e comercial que direta ou indiretamente visam à obtenção de receitas.
Gasto com parte despesa e parte custo	Compreendem os gastos que beneficiam ao mesmo tempo a área de produção e as áreas administrativa e comercial. Nesse caso, há necessidade de separar a parcela que será classificada como despesa da parcela que será classificada como custo.

2.3 Custo de Fabricação

2.3.1 Conceito

Custo de Fabricação ou Custo Industrial compreende a soma dos gastos com bens e serviços aplicados ou consumidos na fabricação de outros bens.

2.3.2 Elementos

São três os elementos componentes do Custo de Fabricação:

- Materiais.
- Mão de obra.
- Gastos Gerais de Fabricação.

2.3.2.1 *Materiais*

Materiais são os objetos utilizados no processo de fabricação, podendo ou não entrar na composição do produto. Podem ser classificados como:

1. **Matéria-prima:** é a substância bruta principal e indispensável na fabricação de um produto. Entra na composição do produto de maneira preponderante em relação aos demais materiais. Em uma indústria de móveis de madeira, a matéria-prima é a madeira; em uma indústria de confecções, é o tecido; em uma indústria de massas alimentícias, é a farinha.
2. **Materiais secundários:** são os materiais aplicados na fabricação em menores quantidades que a matéria-prima. Eles entram na composição dos produtos, juntamente com a matéria-prima, complementando-a ou até mesmo dando o acabamento necessário ao produto. Os materiais secundários para uma indústria de móveis de madeira são pregos, cola, verniz, dobradiças, fechos etc.; para uma indústria de confecções, são os aviamentos (botões, zíperes, linha etc.); para uma indústria de massas alimentícias, são ovos, manteiga, fermento, açúcar, sal etc.
3. **Materiais auxiliares:** são todos os materiais que, embora necessários ao processo de fabricação, não entram na composição dos produtos. Para uma indústria de móveis de madeira, são lixas, estopas, pincéis, graxas etc.; para uma indústria de confecções, são facas utilizadas para o corte dos tecidos, produto de limpeza de acabamento etc.; em uma indústria de massas alimentícias, são manteiga utilizada para untar as assadeiras, toalhas de papel etc.
4. **Materiais de embalagem:** são os materiais destinados a acondicionar ou embalar os produtos, antes que eles deixem a área de produção. Os materiais de embalagem em uma indústria de móveis de madeira podem ser caixas de papelão; em uma indústria de confecções, podem ser caixas de papelão ou sacos plásticos; em uma indústria de massas alimentícias, podem ser também caixas de papelão, sacos plásticos etc.

Você poderá encontrar, ainda, outras denominações para grupos de materiais, como materiais acessórios, material de acabamento etc. O detalhamento dependerá dos interesses da empresa ou até mesmo das características que envolvem cada processo de fabricação. No exemplo apresentado no Capítulo 1, para Gilda fazer 5 quilos de doce de cidra, ela utilizou os seguintes materiais: matéria-prima – cidra; materiais secundários – açúcar, cravo-da-índia e coco ralado; material de embalagem – cinco recipientes de matéria plástica.

2.3.2.2 *Mão de Obra*

Mão de Obra é o esforço de um indivíduo aplicado na fabricação dos produtos. Compreende os gastos com salários, benefícios como cestas básicas, vale-refeição e outros. Acrescentam-se ainda à mão de obra os encargos sociais de obrigação da empresa, como a Previdência Social (parte patronal) e o FGTS.

2.3.2.3 Gastos Gerais de Fabricação

Os Gastos Gerais de Fabricação (GGF) compreendem os demais gastos necessários para a fabricação de produtos (que, pela própria natureza, não se enquadram como materiais ou mão de obra). São os gastos com aluguéis, energia elétrica, serviços de terceiros, manutenção da fábrica, depreciação das máquinas, seguro contra roubo e incêndio, material de higiene e limpeza, óleos e lubrificantes para as máquinas, pequenas peças para reposição, telefones e comunicações etc.

Atividades Teóricas

1. **Responda:**
   1.1 O que é gasto?
   1.2 Quando um gasto deve ser classificado como investimento?
   1.3 O que são despesas?
   1.4 Quando um gasto deve ser classificado como despesa?
   1.5 O que é custo de fabricação?
   1.6 Quando um gasto deve ser classificado como custo?
   1.7 Qual a diferença entre custo e despesa?
   1.8 Em uma empresa industrial que abriga no mesmo imóvel alugado os departamentos de produção, administração e comercial, qual é a classificação correta a ser dada ao gasto com aluguel?
   1.9 Quanto e quais são os elementos componentes do custo de fabricação?
   1.10 O que são Gastos Gerais de Fabricação?

2. **Classifique as afirmativas em falsas (F) ou verdadeiras (V):**
   2.1 ( ) Toda despesa corresponde a gasto, porém nem todo gasto corresponde à despesa.
   2.2 ( ) Todo custo corresponde à despesa, porém nem toda despesa corresponde a custo.
   2.3 ( ) Os materiais a serem aplicados no processo de fabricação, quando adquiridos em grandes quantidades, no momento em que são adquiridos devem ser considerados como investimentos.
   2.4 ( ) Os gastos que representam consumo de bens ou utilização de serviços correspondem a despesas mesmo que integrem o processo de fabricação.
   2.5 ( ) O custo industrial se caracteriza pelo consumo de bens e/ou pela utilização de serviços que ocorrem nas áreas comercial e administrativa da empresa.
   2.6 ( ) O desembolso corresponde à saída de numerário da empresa decorrente de um gasto realizado à vista, a prazo ou a realizar.
   2.7 ( ) Os gastos com salários e encargos pagos ao pessoal que trabalha no departamento de informática e presta serviços de manutenção e assistência técnica a todos computadores existentes na empresa, sejam da área administrativa, comercial ou de produção, deverão ser classificados como despesa.

2.8 ( ) Os gastos com café da manhã servido gratuitamente a todos empregados da empresa, sejam das áreas administrativa, comercial ou de produção, incluídos os salários e encargos do pessoal que trabalha na suposta cozinha, deverão ser classificados parte como despesas e parte como custos.

2.9 ( ) Uma das diferenças entre custo e despesa é que o custo será recuperado pela empresa, enquanto a despesa não.

2.10 ( ) Materiais auxiliares compreendem os materiais que, embora sejam aplicados no processo de fabricação, não entram na composição do produto.

2.11 ( ) Materiais secundários são os materiais que, embora necessários ao processo de fabricação, não entram na composição dos produtos.

2.12 ( ) Os materiais de embalagem que devem integrar o custo de fabricação compreendem aqueles necessários para acondicionar ou embalar os produtos antes de concluída a fase de fabricação. Isso ocorre com os recipientes plásticos necessários para acondicionar o doce de cidra.

2.13 ( ) Matéria-prima, materiais secundários, materiais auxiliares, material de acabamento e material de embalagem, embora com fins específicos no processo de fabricação, são todos integrantes do elemento materiais que compõem o custo de fabricação.

3. **Escolha a alternativa correta:**

3.1 O desembolso à vista ou a prazo para obtenção de bens ou serviços, independentemente de sua destinação dentro da empresa, denomina-se:

a) gasto.
b) investimento.
c) despesa.
d) custo.
e) Todas as alternativas estão corretas.

3.2 Os gastos decorrentes da aquisição dos bens de uso classificam-se como:

a) gastos.
b) investimentos.
c) despesas.
d) custos.
e) Todas as alternativas estão corretas.

3.3 Os gastos com bens ou serviços aplicados diretamente na produção denominam-se:

a) gastos.
b) investimentos.
c) despesas.
d) custos.
e) Todas as alternativas estão incorretas.

3.4 Os gastos decorrentes do consumo de bens e da utilização de serviços nas áreas administrativa e comercial, que direta ou indiretamente visam à obtenção de Receitas, classificam-se como:

a) gastos.
b) investimentos.

c) despesas.

d) custos.

e) Todas as alternativas estão incorretas.

3.5 A entrega de numerário antes, no momento ou depois da ocorrência do gasto, denomina-se:

a) gastos.

b) investimentos.

c) despesas.

d) custos.

e) desembolso.

3.6 O principal material aplicado na fabricação e que entra na composição do produto de forma preponderante em relação aos demais denomina-se:

a) matéria-prima.

b) materiais secundários.

c) materiais auxiliares.

d) material de embalagem.

e) material de acabamento.

3.7 Os materiais aplicados na fabricação, que entram na composição dos produtos em menores quantidades que a matéria-prima, denominam-se:

a) matéria-prima.

b) materiais secundários.

c) materiais auxiliares.

d) material de embalagem.

e) material de acabamento.

3.8 Os materiais aplicados no processo de fabricação e que não entram na composição dos produtos denominam-se:

a) matéria-prima.

b) materiais secundários.

c) materiais auxiliares.

d) material de embalagem.

e) material de acabamento.

3.9 Os materiais utilizados para acondicionar e embalar os produtos antes que eles saiam da área de produção denominam-se:

a) matéria-prima.

b) materiais secundários.

c) materiais auxiliares.

d) material de embalagem.

e) material de acabamento.

Capítulo 2 · Conceitos de Custos

Atividades Práticas ❶

Classifique os gastos a seguir:

a) Custos (C), Despesas (D), Investimentos (I), Parte Custo e parte Despesa (C/D) ou Outros (O).

b) Com relação ao desembolso, responda: SIM ou NÃO.

c) Somente para os gastos que corresponderem a custos, responda: Matéria-prima (MP), Material Secundário (MS), Material Auxiliar (MA), Material de Embalagem (ME), Mão de obra (MO) ou Gastos Gerais de Fabricação (GGF).

Nº	FATOS	A	B	C
1	Compra à vista de 1.000 metros de tecidos para serem aplicados imediatamente na fabricação.			
2	Compra, à vista, de um computador.			
3	Compra, a prazo, de 1.000 m³ de madeira para serem estocados em uma empresa que fabrica móveis de madeira.			
4	Compra, à vista, de 50 folhas de lixa para aplicação imediata na produção.			
5	Em uma indústria que atua no ramo de confecções, ocorreu transferência de 2.000 metros de tecidos do almoxarifado para a área de produção.			
6	Pagamento em cheque de conta de energia elétrica no valor de $ 800. O consumo refere-se somente à área comercial.			
7	Pagamento, em dinheiro, de conta de energia elétrica que engloba consumo com iluminação de toda empresa industrial.			
8	Pagamento em dinheiro do aluguel da fábrica.			
9	Pagamento em dinheiro do aluguel do imóvel que abriga toda a empresa industrial.			
10	Pagamento, em dinheiro, de conta de água referente ao consumo da fábrica.			
11	Pagamento, em dinheiro, de conta de água da área administrativa.			
12	Pagamento, por meio de créditos em contas-correntes bancárias, de salários e encargos do pessoal da fábrica.			
13	Pagamento em cheque do pró-labore do sócio-gerente que atua na produção.			
14	Pagamento, em cheque, de *pró-labore* do sócio-gerente que atua na área comercial. A obrigação tinha sido considerada como despesa no mês anterior.			
15	Encargos sociais sobre os salários do pessoal da produção a serem pagos no mês seguinte.			

Noções de Custo

Nº	FATOS	A	B	C
16	Despesas de salários do pessoal da área administrativa a serem pagas no mês seguinte.			
17	Compra, a prazo, de lubrificantes e graxas para uso imediato nas máquinas da fábrica.			
18	Pagamento da NF nº 123 ao Posto Botafogo Ltda., referente à gasolina do automóvel utilizado pela administração. A obrigação estava devidamente registrada no grupo das Contas a Pagar.			
19	Compra, a prazo, de duas toneladas de caixas de papelão para embalar produtos.			
20	Em uma indústria de confecções, houve transferência de aviamentos do setor de estoques para a produção, cujos aviamentos foram avaliados pelo critério PEPS.			
21	Compra, à vista, de um rolo de fita adesiva no valor de $ 0,80. A compra foi paga em dinheiro e se destina a uso imediato para embalar produtos na área de produção.			
22	Compra, a prazo, de uma tonelada de sacos plásticos para serem utilizados durante 3 meses para embalar produtos na área de produção.			
23	Foram transferidos 100 quilos de sacos plásticos do setor de estoques, avaliados em $ 500, para a área de produção.			
24	Depreciação dos computadores da área administrativa.			
25	Depreciação das máquinas da fábrica.			
26	Pagamento em dinheiro ($ 20.000) referente a fretes e seguro para entrega de produtos fabricados pela empresa.			
27	Pagamentos de juros de mora sobre duplicatas.			
28	Paga no banco as taxas referentes a talões de cheques.			
29	Taxas de pedágio pagas durante a entrega de produtos a clientes.			
30	Compra, à vista, de uma tela a óleo do pintor Gerson Maciel no valor $ 500.000.			
31	Atribuição para a fábrica de parte dos honorários da diretoria.			
32	Pagas em dinheiro refeições do pessoal da área de vendas.			
33	Pagamento de estadias e refeições do pessoal da fábrica durante curso de treinamento.			
34	Compensação de obrigações devidas ao fornecedor de farinha, com Duplicatas de nossos clientes.			

Capítulo 2 • Conceitos de Custos

2.3.3 Classificação do Custo de Fabricação

2.3.3.1 *Em relação aos produtos*

Em relação aos produtos fabricados, o custo pode ser Direto ou Indireto.

Custos Diretos compreendem os gastos com Materiais, Mão de obra e Gastos Gerais de Fabricação aplicados diretamente na fabricação dos produtos. São assim denominados porque, além de integrarem os produtos, suas quantidades e valores podem ser facilmente identificados em relação a cada produto fabricado.

Custos Indiretos compreendem os gastos com Materiais, Mão de obra e Gastos Gerais de Fabricação aplicados indiretamente na fabricação dos produtos. São assim denominados porque, além de não integrarem os produtos, é impossível uma segura identificação de suas quantidades e valores em relação a cada produto fabricado.

A classificação dos gastos em Custos Indiretos refere-se aos custos que impossibilitam uma segura e objetiva identificação em relação aos produtos fabricados; àqueles que integram os produtos (como ocorre com parte dos materiais secundários em alguns processos de fabricação), mas têm um pequeno valor em relação ao custo total. Nesse caso, os cálculos e controles ficam tão onerosos, que é preferível tratá-los como indiretos. Em outras palavras, o custo dispendido para o controle não compensa o benefício que ele gera (relação custo/benefício).

A impossibilidade de identificação desses gastos em relação aos produtos ocorre porque os referidos gastos beneficiam a fabricação de vários produtos ao mesmo tempo.

Veja alguns exemplos:

- **Aluguel da fábrica:** é pago para que a empresa possa utilizar o imóvel durante um período. Essa utilização beneficia a fabricação de todos os produtos e o normal é que não seja possível identificar esse gasto com produtos em particular fabricados.
- **Energia elétrica:** aquela consumida na iluminação das dependências da fábrica, bem como aquela consumida por máquinas que não possuem medidores para permitir o controle do consumo, não poderão ser identificadas em relação a cada produto fabricado.
- **Salários e encargos dos chefes de seção e dos supervisores da fábrica:** esses colaboradores trabalham dando assistência e supervisão a vários setores na área de produção. Seus trabalhos, portanto, beneficiam toda produção de um período, dificultando assim a identificação com esse ou aquele produto.

A atribuição dos Custos Indiretos aos produtos é feita por meio de critérios que podem ser estimados ou até mesmo arbitrados pela empresa. A distribuição dos Custos Indiretos aos produtos denomina-se rateio, conforme dito anteriormente. A medida que serve de parâmetro para se efetuar essa distribuição denomina-se base de rateio.

Resumo
Os gastos com Materiais, Mão de Obra e Gastos Gerais de Fabricação podem ser classificados como Custos Diretos ou Indiretos. Serão considerados Diretos quando suas quantidades e seus valores puderem ser facilmente identificados em cada produto fabricado; serão Indiretos quando não for possível essa identificação.

Noções de Custo

> **Resumo**
>
> - A matéria-prima, a maior parte dos materiais secundários e de embalagem e quase a totalidade da Mão de Obra do pessoal da fábrica são facilmente identificáveis nos produtos fabricados. Por isso, são classificados como custos diretos.
> - Uma pequena parcela dos materiais secundários e do material de embalagem, o total dos materiais auxiliares, uma parte da mão de obra (chefia e supervisão) e os Gastos Gerais de Fabricação são de difícil identificação em relação aos produtos, motivo pelo qual são classificados como Custos Indiretos de Fabricação.
>
> Se a empresa fabricar apenas um produto, é evidente que todos os gastos presentes na produção em determinado período serão apropriados (atribuídos) a esse produto, sem complicações. Nesse caso, a soma dos custos totais da produção de um mês refere-se exclusivamente ao único produto fabricado no referido mês. Caso a empresa industrial fabrique vários tipos de produtos, a atribuição (apropriação) dos custos incorridos (ocorridos) na fabricação deverá ser feita de forma diferente. Os custos diretos serão atribuídos a cada produto sem mais complicações, enquanto os custos indiretos serão atribuídos a cada produto de forma proporcional, com base nas quantidades produzidas, no tempo de trabalho necessário para a fabricação de cada um, ou com base em outro critério definido em cada caso em particular.

2.3.3.2 *Em relação ao volume de produção*

Em relação ao volume de produção, os custos podem ser Fixos ou Variáveis.

Custos Fixos são aqueles que permanecem estáveis independentemente de alterações no volume da produção. São custos necessários ao desenvolvimento do processo industrial em geral, motivo pelo qual se repetem em todos os meses do ano.

São custos fixos: aluguel da fábrica, água (utilizada para consumo do pessoal e limpeza da fábrica), energia elétrica (utilizada para iluminação da fábrica), salários e encargos dos mensalistas que trabalham na manutenção e limpeza da fábrica, seguro do imóvel, segurança da fábrica, telefone, depreciação normal das máquinas, salários e encargos dos supervisores da fábrica etc.

É importante salientar que os custos fixos podem sofrer alguma variação de um período para outro, como ocorre, por exemplo, com o aluguel que, em consequência de cláusulas contratuais, pode sofrer reajustes periódicos; com os salários e encargos de chefes, supervisores e do pessoal da manutenção, segurança etc., que podem variar em decorrência da própria legislação trabalhista etc. No entanto, mesmo estando sujeitos a variações dessas naturezas, esses custos continuam sendo classificados como fixos, porque a classificação dos custos em fixos e variáveis é feita exclusivamente em relação ao volume da produção.

Há ainda situações em que alguns custos fixos podem sofrer pequenas variações em decorrência de aumentos no volume da produção, como ocorre com o consumo de ligações telefônicas, materiais de limpeza etc. Entretanto, esses custos continuam sendo fixos, uma vez que podem variar até determinado limite do volume da produção, mas depois voltam a estabilizar.

Assim, ainda que alguns custos fixos sofram pequenas alterações, eles não acompanham proporcionalmente os aumentos que ocorrem no volume da produção. Logo, continuam sendo fixos.

Finalmente, é importante salientar que os custos fixos também são chamados de custos indiretos, porque não são parte integrante dos produtos e beneficiam a fabricação de vários itens ao mesmo tempo.

Já os Custos Variáveis são aqueles que variam em decorrência do volume da produção. Assim, quanto mais produtos forem fabricados em um período, maiores serão os custos variáveis.

Veja como exemplo a matéria-prima. Se para fabricar uma saia é preciso de um metro e meio de tecido, para se fabricar 50 saias serão necessários 75 metros desse mesmo tecido. Assim, quanto maior for a quantidade fabricada, maior será o consumo de matéria-prima e, consequentemente, maior será o seu custo de fabricação.

Os Custos Variáveis, por estarem vinculados ao volume produzido, são também denominados de custos diretos.

Ainda em relação ao volume da produção, é importante destacar que os custos fixos costumam ter uma parcela variável. Entre os custos variáveis, também é comum alguns terem uma parcela fixa. Assim, temos as denominações de custos semifixos e custos semivariáveis.

Custos semifixos são, portanto, custos fixos que possuem uma parcela variável. Por exemplo, a energia elétrica. A parcela fixa da energia elétrica é aquela que independe da produção do período, sendo utilizada geralmente para iluminação da fábrica; a parte variável é aquela aplicada diretamente na produção, variando de acordo com o volume produzido. Isso, evidentemente, só ocorre quando é possível medir a parte variável.

Os custos semivariáveis são, portanto, os custos variáveis que possuem uma parcela fixa. Por exemplo, a mão de obra aplicada diretamente na produção é variável em função das quantidades produzidas; já a mão de obra da supervisão da fábrica independe do volume produzido e, por isso, é classificada como fixa. Por apresentarem uma parcela fixa e outra parcela variável, esses custos são também conhecidos por custos mistos.

Atividades Teóricas

1. **Responda:**
   1.1 O que são custos diretos de fabricação?
   1.2 O que são custos indiretos de fabricação?
   1.3 Por que os custos indiretos são de difícil identificação em relação aos produtos fabricados?
   1.4 Como é feito o rateio dos custos indiretos aos produtos fabricados?
   1.5 O que são custos fixos?
   1.6 O gasto com aluguel do imóvel que é classificado como custo fixo pode sofrer variação? Explique.
   1.7 O que são custos variáveis?
   1.8 O que são custos semifixos?
   1.9 O que são custos semivariáveis?

2. **Classifique as afirmativas em falsas (F) ou verdadeiras (V):**

2.1 ( ) Os custos diretos de fabricação são aqueles que podem ser facilmente identificados em relação aos produtos fabricados.

2.2 ( ) Os custos indiretos de fabricação são assim denominados porque podem ser facilmente identificados em relação aos produtos fabricados.

2.3 ( ) Custos indiretos são o mesmo que custos fixos.

2.4 ( ) Custos variáveis são o mesmo que custos diretos.

2.5 ( ) A distribuição dos custos indiretos aos produtos denomina-se rateio.

2.6 ( ) A classificação de custos diretos e indiretos aplica-se somente aos Materiais e à Mão de obra.

2.7 ( ) A classificação em Custos Diretos e Indiretos não se aplica aos Materiais, à Mão de obra e aos Gastos Gerais de Fabricação.

2.8 ( ) Normalmente, a maior parte dos Gastos Gerais de Fabricação é classificada como Custos Indiretos.

2.9 ( ) Os Custos Diretos serão atribuídos a cada produto sem maiores complicações; já os Custos Indiretos serão atribuídos a cada produto por meio de critérios a serem definidos pela própria empresa.

3. **Escolha a alternativa correta:**

3.1 Quando determinado gasto beneficia a fabricação de vários produtos ao mesmo tempo, esse gasto é corretamente classificado como:

a) Custo Direto.

b) Custo Indireto.

c) Custo Fixo.

d) Custo Variável.

e) As alternativas "a" e "d" estão incorretas.

3.2 Sempre que um gasto puder ser identificado facilmente em relação a cada produto fabricado, variando conforme o volume produzido, esse gasto será classificado como:

a) Custo Direto.

b) Custo Indireto.

c) Custo Fixo.

d) Custo Variável.

e) As alternativas "a" e "d" estão corretas.

3.3 A atribuição dos custos indiretos de fabricação aos produtos é feita por meio de:

a) critérios fixos.

b) critérios indiretos.

c) rateio por critérios estimados ou arbitrados.

d) rateio por critérios fixados na Lei nº 6.404/76.

e) As alternativas "a" e "c" estão corretas.

3.4 Base de rateio é:

a) fator de fixação dos custos diretos.

b) critério escolhido para atribuição dos custos diretos aos produtos.

c) critério fixado em lei.
d) medida que serve de parâmetro para o rateio dos custos indiretos aos produtos.
e) As alternativas "b" e "c" estão corretas.

3.5 Em relação aos produtos, os custos são classificados em:
a) fixos e indiretos.
b) diretos e indiretos.
c) diretos e fixos.
d) fixos e variáveis.
e) As alternativas "a" e "d" estão corretas.

3.6 Em relação ao volume de produção, os custos podem ser:
a) fixos e variáveis.
b) diretos e indiretos.
c) fixos e indiretos.
d) variáveis e diretos.
e) As alternativas "a" e "b" estão erradas.

Atividades Práticas

Classifique os custos a seguir em:
a) Diretos (D) ou Indiretos (I).
b) Fixos (F) ou Variáveis (V).

Nº	CUSTOS	A	B
1	Material de embalagem		
2	Energia elétrica (iluminação da fábrica)		
3	Matéria-prima		
4	Materiais secundários de pequeno valor		
5	Materiais secundários de fácil identificação em relação a cada produto fabricado		
6	Salários e encargos da supervisão da fábrica		
7	Aluguel da fábrica		
8	Salários e encargos do pessoal da fábrica		
9	Salários e encargos da chefia da fábrica		
10	Depreciação das máquinas da fábrica		
11	Consumo de água pelo pessoal da fábrica		
12	Refeições e viagens dos supervisores da fábrica		
13	Material de limpeza usado na fábrica		
14	Salários e encargos da segurança da fábrica		
15	Conservação e manutenção da fábrica		

CAPÍTULO

3 ▶

CUSTO DOS PRODUTOS, DAS MERCADORIAS E DOS SERVIÇOS

3.1 Custo dos Produtos Vendidos

3.1.1 Conceito

O Custo dos produtos Vendidos compreende a soma dos gastos com materiais, mão de obra e gastos gerais de fabricação aplicados ou consumidos na fabricação dos produtos que tiveram seus processos de fabricação encerrados e foram vendidos pela empresa.

Após encerrado o processo de fabricação, os produtos acabados são transferidos da área de produção para o Almoxarifado de produtos acabados, permanecendo estocados até que sejam vendidos.

Os produtos acabados recebem como custo toda a carga dos custos diretos e indiretos incorridos durante todo o processo de fabricação dos respectivos produtos.

Os produtos que tiveram seus processos de fabricação iniciados em períodos anteriores e encerrados no período atual, receberão cargas de custos proporcionais ao processo de fabricação em cada um dos períodos durante os quais estiveram em fabricação. Essas cargas de custos são atribuídas no final de cada período, para que os referidos produtos inacabados possam ser devidamente avaliados para integrar os estoques finais de produtos em elaboração no término de cada um desses períodos.

Portanto, ao terem seus processos de fabricação concluídos, os custos desses produtos conterão parte dos custos incorridos em períodos anteriores mais os custos gerados no atual período em que seus processos de fabricação foram concluídos.

É importante salientar que, entre os produtos vendidos pela empresa em um período, poderão conter somente produtos cujos processos de fabricação foram concluídos no respectivo período ou poderão conter ainda produtos que foram acabados em períodos anteriores.

Assim, para se conhecer o Custo dos Produtos Vendidos, pode-se aplicar a seguinte fórmula:

$$CPV = EIPA + CPAP - EFPA$$

Em que:

CPV = Custo dos Produtos Vendidos.
EIPA = Estoque Inicial de Produtos Acabados.
CPA = Custo da Produção Acabada no Período.
EFPA = Estoque Final de Produtos Acabados.

E X E M P L O   P R Á T I C O

Suponhamos as seguintes informações extraídas dos registros contábeis de uma empresa industrial:

- Estoque Inicial de produtos Acabados: $ 50.000
- Custo da Produção Acabada do Período: $ 80.000
- Estoque final de Produtos Acabados: $ 30.000

> **E X E M P L O   P R Á T I C O**
>
> Nesse caso, para apurar o Custo dos Produtos Vendidos, faremos o cálculo a seguir:
>
> $$CPV = 50.000 + 80.000 - 30.000 = 100.000$$
>
> Suponhamos ainda que o faturamento líquido no período, isto é, o montante das vendas brutas diminuído de possíveis tributos incidentes sobre essas vendas, tenha sido de $ 135.000. Veja como ficará o resultado:
>
> $$RVP = 135.000 - 100.000 = 35.000$$
>
> Nesse caso, a empresa industrial obteve um lucro bruto no valor de $ 35.000.

3.1.2 Demonstração do Custo dos Produtos Vendidos (Modelo)

A Demonstração do Custo dos Produtos Vendidos, apresentada a seguir, é um relatório que constitui verdadeiro esquema técnico a ser utilizado para se apurar custos em uma empresa industrial.

DEMONSTRAÇÃO DO CUSTO DOS PRODUTOS VENDIDOS (DCPV)		
1. Estoque Inicial de Matérias-Primas		
2. (+) Compras Líquidas de Matérias-Primas*		
3. (=) CUSTO DAS MATÉRIAS-PRIMAS DISPONÍVEIS (1 + 2)		
4. (–) Custo Matérias-Primas Não Aplicadas na Produção		
4.1 Estoque Final de Matérias-Primas		
4.2 Custo das Vendas de Matérias-primas		
4.3 Subprodutos Acumulados no Período		
4.4 Outros		
5. (=) CUSTO DAS MATÉRIAS-PRIMAS APLICADAS (3 – 4)		
6. (+) Mão de Obra Direta		
7. (=) CUSTO PRIMÁRIO (5 + 6)		
8. (+) Outros Custos Diretos		
8.1 Materiais Secundários		
8.2 Materiais de Embalagem		
8.3 Outros Materiais		
8.4 Gastos Gerais de Fabricação Diretos		

Capítulo 3 • Custo dos Produtos, das Mercadorias e dos Serviços

DEMONSTRAÇÃO DO CUSTO DOS PRODUTOS VENDIDOS (DCPV)		
9. (=) CUSTOS DIRETOS DE FABRICAÇÃO (7 + 8)		
10. (+) Custos Indiretos de Fabricação		
10.1 Materiais Indiretos		
10.2 Mão de Obra Indireta		
10.3 Gastos Gerais de Fabricação Indiretos		
11. (=) CUSTO DE PRODUÇÃO DO PERÍODO (9 + 10)		
12. (+) Estoque Inicial de Produtos em Elaboração		
13. (=) CUSTO DE PRODUÇÃO (11 + 12)		
14. (–) Estoque Final de Produtos em Elaboração		
15. (=) CUSTO DA PRODUÇÃO ACABADA NO PERÍODO (13 – 14)		
16. (+) Estoque Inicial de Produtos Acabados		
17. (=) CUSTO DOS PRODUTOS DISPONÍVEIS PARA VENDA (15 + 16)		
18. (–) Estoque Final de Produtos Acabados		

* Corresponde ao valor pago ao fornecedor, influenciado por fatos que alteram os valores das compras. Veja mais detalhes na Seção 4.5 deste livro.

Observação

▸ Para apurar o custo de outros materiais diretos aplicados no processo de fabricação (itens 8.1 a 8.3), bem como o custo dos materiais indiretos aplicados (item 10.1), deve-se observar, em cada material, os mesmos procedimentos apresentados no caso das matérias-primas (itens 1 a 5 da DCPV em questão).

3.1.3 Expressões Técnicas utilizadas na DCPV

3.1.3.1 *Custo das Matérias-primas Disponíveis (item 3 da DCPV)*

Esse custo compreende o total de matérias-primas que a empresa teve à sua disposição para aplicar na produção durante determinado período.

É fácil compreender que esse montante corresponde à soma das matérias-primas estocadas no início do período (Estoque Inicial de Matérias-primas) mais as compras efetuadas durante o mesmo período.

É importante salientar que, com o custo das compras de matérias-primas efetuadas no período, deve ser considerado o custo das compras líquidas de matérias-primas, o que corresponde ao montante das compras influenciado pelos fatos que alteram os valores das compras, como os descontos incondicionais e os abatimentos obtidos, os fretes e os seguros que devem ser acrescidos, as compras anuladas, bem como os tributos incidentes sobre as compras – estes assuntos serão tratados nos Capítulos 4 e 5 deste livro.

Noções de Custo

Veja a fórmula a seguir:

$$CMPD = EIMP + CLMP$$

3.1.3.2 *Custo das Matérias-primas Aplicadas (item 5 da DCPV)*

Compreende o Custo das Matérias-primas Disponíveis diminuído da somatória dos seguintes valores: custo do estoque final de matérias-primas; custo das vendas de matérias-primas; valor dos subprodutos acumulados durante o período (parte do custo dos subprodutos derivada de sobras de matérias-primas); e outros eventos que reduzam o custo das matérias-primas disponíveis (por exemplo, as baixas por perecimento, sinistro, furtos etc.).

Veja a fórmula a seguir:

$$CMPA = CMPD - EF - V - SP - O$$

3.1.3.3 *Custo Primário (item 7 da DCPV)*

Compreende os gastos com matérias-primas aplicadas somados aos gastos com Mão de Obra Direta.

Veja a fórmula a seguir:

$$CP = MP + MOD$$

- Custo Primário não é o mesmo que Custo Direto. No Custo Direto, além da matéria-prima e da Mão de Obra Direta que integram o Custo Primário, estão também os demais custos diretos com materiais secundários, materiais de embalagem e possíveis gastos gerais de fabricação diretos.

3.1.3.4 *Custo de Transformação*

Representa a soma dos gastos com Mão de Obra (Direta e Indireta) mais os Gastos Gerais de Fabricação (Diretos e Indiretos), aplicados durante a transformação dos materiais em produtos.

No total desse custo, não estão incluídos os gastos com materiais. Aqui, deve-se considerar somente o esforço dispendido pela empresa na transformação da matéria-prima em produtos.

Veja a fórmula a seguir:

$$CT = MOT + GGF$$

3.1.3.5 Custo de Produção do Período (item 11 da DCPV)

Também denominado de Custo de Fabricação do Período, compreende a soma dos custos incorridos na produção fabril em determinado período.

Para se calcular esse custo, é preciso somar os valores gastos com Materiais Diretos e Indiretos, com Mão de Obra Direta e Indireta e com os Gastos Gerais de Fabricação Diretos e Indiretos aplicados na produção do período, sem considerar o valor do Estoque Inicial dos Produtos em Elaboração.

Veja a fórmula a seguir:

$$CPP = Materiais + MO + GGF$$

3.1.3.6 Custo de Produção (item 13 da DCPV)

Compreende o Custo de Produção do Período mais o Estoque Inicial de Produtos em Elaboração.

Veja a fórmula a seguir:

$$CP = EIPE + CPP$$

3.1.3.7 Custo da Produção Acabada no Período (item 15 da DCPV)

Compreende o Custo de Produção menos o Estoque Final de Produtos em Elaboração.
Veja a fórmula a seguir:

$$CPA = CP - EFPE$$

Esse custo pode ser calculado também com a aplicação da seguinte fórmula:

$$CPA = EIPE + CP - EFPE$$

- Esse custo pode incluir, inclusive, custos de períodos anteriores. Pode haver unidades que foram acabadas no período atual, mas iniciadas no período anterior, as quais compunham o estoque inicial de produtos em elaboração. Não fazem parte da produção acabada os produtos que foram iniciados no presente período, mas que serão acabados em períodos futuros, os quais integram o estoque final de produtos em elaboração.

3.1.3.8 Custo dos Produtos Disponíveis para Venda (item 17 da DCPV)

Compreende o total de custos dos produtos que a empresa teve à sua disposição para vender durante determinado período.

É fácil entender que esse custo corresponde ao custo dos produtos acabados que estavam em estoque no início do período somados ao custo da produção acabada no presente período.

Veja a fórmula a seguir:

$$CPDV = EIPA + CPA$$

3.1.4 Fórmula Simplificada para Apuração do Custo de Produção do Período

Por razões de simplificação, empresas industriais de pequeno e médio portes costumam considerar como Materiais Diretos somente a Matéria-prima Aplicada, sendo todos os demais materiais considerados como Indiretos, ainda que possam ser facilmente identificados em relação aos produtos. Pelas mesmas razões, essas empresas costumam considerar também como Indiretos todos os Gastos Gerais de Fabricação.

Nesse caso, o Custo de Produção do Período pode ser obtido pela fórmula a seguir:

$$CPP = MP + MOD + CIF$$

Em que:

CPP = Custo de Produção do Período.
MP = Matéria-prima.
MOD = Mão de Obra Direta.
CIF = Custos Indiretos de Fabricação. São todos os Materiais Diretos e Indiretos (exceto a matéria-prima), a Mão de Obra Indireta e os Gastos Gerais de Fabricação Diretos e Indiretos.

EXEMPLO PRÁTICO

As informações a seguir foram extraídas de controles internos de uma empresa industrial que atua no ramo de confecções:

Estoques em 01/09:

• Matéria-prima (tecidos)	100.000
• Material Secundário (aviamentos)	20.000
• Materiais Auxiliares	10.000
• Material de Embalagem	30.000
• Produtos Em Elaboração	350.000
• Produtos Acabados	150.000

Capítulo 3 • Custo dos Produtos, das Mercadorias e dos Serviços

EXEMPLO PRÁTICO

Compras realizadas durante o mês:

• Matéria-prima (tecidos)	800.000
• Material Secundário (aviamentos)	100.000
• Materiais Auxiliares	20.000
• Material de Embalagem	200.000

Estoques em 30/09:

• Matéria-prima (tecidos)	300.000
• Material Secundário (aviamentos)	40.000
• Materiais Auxiliares	5.000
• Material de Embalagem	100.000
• Produtos em Elaboração	432.000
• Produtos Acabados	450.000

Gastos do mês de setembro, todos incorridos na área de produção:

• Salários e encargos do pessoal da produção	50.000
• Salários e Encargos dos gerentes e supervisores da fábrica	15.000
• Aluguel da Fábrica	25.000
• Energia elétrica	6.000
• Telefone	3.000
• Café e refeições do pessoal da fábrica	2.500
• Material de Higiene e Limpeza	1.000
• Material de informática	500
• Serviços de Terceiros	30.000
• Manutenção das máquinas	10.000
• Depreciação de máquinas	4.000

Observação

▸ Por razões de simplificação, a empresa decidiu classificar todos os Gastos Gerais de Fabricação como Custos Indiretos.

Considerando somente as informações apresentadas, elabore a Demonstração do Custo dos Produtos Vendidos no mês de setembro e responda as seguintes questões:

1. Qual foi o Custo das Matérias-primas Disponíveis no período?
2. Qual foi o Custo das Matérias-primas aplicadas na produção do período?
3. Qual foi o valor do Custo Primário?
4. Qual foi o total dos Custos Diretos?
5. Qual foi o total da Mão de Obra Direta?

Noções de Custo

EXEMPLO PRÁTICO

6. Qual foi o total da Mão de Obra Indireta?
7. Qual foi o total dos Gastos Gerais de Fabricação Indiretos?
8. Qual foi o total dos Custos Indiretos de Fabricação?
9. Qual foi o Custo de produção do Período?
10. Qual foi o Custo de Produção?
11. Qual foi o Custo da Produção Acabada no Período?
12. Qual foi o Custo dos Produtos Disponíveis para Venda?
13. Qual foi o Custo dos Produtos Vendidos?
14. Considerando que o Faturamento do mês correspondeu a $ 660.000, qual foi o resultado bruto apurado pela empresa?

Solução

DEMONSTRAÇÃO DO CUSTO DOS PRODUTOS VENDIDOS		
1. Estoque Inicial de Matérias-Primas	–	100.000
2. (+) Compras Líquidas de Matérias-Primas	–	800.000
3. (=) CUSTO DAS MATÉRIAS-PRIMAS DISPONÍVEIS (1 + 2)	–	900.000
4. (–) Estoque Final de Matérias-primas	–	(300.000)
5. (=) CUSTO DAS MATÉRIAS-PRIMAS APLICADAS (3 – 4)	–	600.000
6. (+) Mão de Obra Direta	–	50.000
7. (=) CUSTO PRIMÁRIO (5 + 6)	–	650.000
8. (+) Outros Custos Diretos		
8.1 Materiais Secundários	80.000	–
8.2 Materiais de Embalagem	130.000	–
8.3 Outros Materiais	–	–
8.4 Gastos Gerais de Fabricação Diretos	–	210.000
9. (=) CUSTOS DIRETOS DE FABRICAÇÃO (7 + 8)	–	860.000
10. (+) Custos Indiretos de Fabricação		
10.1 Materiais Indiretos	25.000	–
10.2 Mão de Obra Indireta	15.000	–
10.3 Gastos Gerais de Fabricação Indiretos	82.000	122.000

Capítulo 3 • Custo dos Produtos, das Mercadorias e dos Serviços

EXEMPLO PRÁTICO

DEMONSTRAÇÃO DO CUSTO DOS PRODUTOS VENDIDOS		
11. (=) CUSTO DE PRODUÇÃO DO PERÍODO (9 + 10)	–	982.000
12. (+) Estoque Inicial de Produtos em Elaboração	–	350.000
13. (=) CUSTO DE PRODUÇÃO (11 + 12)	–	1.332.000
14. (–) Estoque Final de Produtos em Elaboração	–	432.000
15. (=) CUSTO DA PRODUÇÃO ACABADA NO PERÍODO (13 – 14)	900.000	–
16. (+) Estoque Inicial de Produtos Acabados	–	150.000
17. (=) CUSTO DOS PRODUTOS DISPONÍVEIS PARA VENDA (15 + 16)	1.050.000	–
18. (–) Estoque Final de Produtos Acabados	–	450.000
19. (=) CUSTO DOS PRODUTOS VENDIDOS (17-18)	–	600.000

Respostas das questões propostas:

1. 900.000.
2. 600.000.
3. 650.000.
4. 860.000.
5. 80.000.
6. 15.000.
7. 82.000.
8. 122.000.
9. 982.000.
10. 1.332.000.
11. 900.000.
12. 1.050.000.
13. 600.000.
14. Lucro Bruto de 60.000.

Atividades Teóricas

1. **Responda:**
   1.1 O que é Custo dos Produtos Vendidos?
   1.2 Apresente a fórmula do Custo das Matérias-primas Disponíveis.
   1.3 Apresente a fórmula do Custo das Matérias-primas Aplicadas.
   1.4 Apresente a fórmula do Custo Primário.
   1.5 Apresente a fórmula do Custo de Transformação.
   1.6 Apresente a fórmula do Custo de Produção do Período.

1.7 Apresente a fórmula do Custo de Produção.

1.8 Apresente a fórmula do Custo da Produção Acabada no Período.

1.9 Apresente a fórmula do Custo dos Produtos Disponíveis para Venda.

2. **Classifique as afirmativas em falsas (F) ou verdadeiras (V):**

2.1 ( ) No Custo Primário não são considerados os custos com os Gastos Gerais de Fabricação.

2.2 ( ) Custo Primário é o mesmo que Custo de Transformação.

2.3 ( ) Custo de Produção do Período é a soma dos custos incorridos na produção do período dentro da fábrica.

2.4 ( ) O Custo da Produção Acabada no Período pode incluir o custo de produtos iniciados em períodos anteriores e acabados no período atual.

2.5 ( ) Há empresas que, por razões econômicas, preferem apurar o Custo de Fabricação do Período, considerando como diretos somente a Matéria-prima e a Mão de Obra Direta.

3. **Escolha a alternativa correta:**

3.1 O resultado obtido pela soma do custo do Estoque Inicial de Matérias-primas com o custo das Compras Líquidas de Matérias-primas efetuadas no período denomina-se:

a) Custo das Matérias-primas Disponíveis.

b) Custo das Matérias-primas Aplicadas.

c) Custo Primário.

d) Custo Direto de Fabricação.

e) A alternativa "a" está incorreta.

3.2 O Custo das Matérias-primas Disponíveis diminuído do custo do Estoque Final de Matérias-primas denomina-se:

a) Matérias-primas Disponíveis.

b) Custo das Matérias-primas Aplicadas.

c) Custo Primário.

d) Custo Direto de Fabricação.

e) As alternativas "a" e "c" estão corretas.

3.3 A soma dos gastos com Matérias-primas e Mão de Obra Direta aplicada na fabricação denomina-se:

a) Custo Primário.

b) Custo de Transformação.

c) Custo de Produção ou de Fabricação.

d) Custo dos Produtos Vendidos.

e) Todas as alternativas estão incorretas.

3.4 A soma dos gastos mais a produção do período (sem considerar os gastos com materiais) denomina-se:

a) Custo Primário.

b) Custo de Transformação.

c) Custo de Produção ou de Fabricação.

d) Custo dos Produtos Vendidos.

e) Todas as alternativas estão incorretas.

3.5 O Custo de Produção menos o Estoque Final de Produtos em Elaboração denomina-se:
a) Custo da Produção Acabada no Período.
b) Custo de Produção do Período.
c) Custo de Transformação.
d) Custo de Produção.
e) Todas as alternativas estão incorretas.

Atividades Práticas

Para resolver as duas Atividades Práticas a seguir, observe o seguinte roteiro:

- Providencie cópias da Demonstração do Custo dos Produtos Vendidos apresentada na Seção 3.2 deste livro.
- Transcreva nas Demonstrações todos os valores apresentados nos enunciados das Práticas em questão.
- Calcule os itens que não foram fornecidos. O item 3 da Prática 1, por exemplo, será obtido pela soma dos itens 1 e 2.
- Para resolver a Prática 2, após transcrever no Demonstrativo todos os dados fornecidos, você deverá calcular as incógnitas na ordem inversa, isto é, comece a resolução de baixo para cima, invertendo os sinais. Exemplo: para obter o item 17, basta somar o item 19 com o item 18 e assim sucessivamente. Nesse caso, para conhecer o item 19, como no problema, foram informados o valor das Vendas e o valor do Lucro Bruto. Basta, então, subtrair das Vendas o Lucro Bruto para obter o Custo dos Produtos Vendidos.

Prática 1
Eventos ocorridos na Indústria Havana S/A:

1. Saldos em 31/12/X4:
   - Estoque de Matérias-primas   1.800
   - Estoque de Materiais Secundários   450
   - Estoque de Materiais de Embalagens   230
   - Estoque de Produtos Acabados   800
   - Estoque de Produtos em Elaboração   300

2. Ocorrências em X5:

   2.1. Compras efetuadas:
   - Matérias-primas   6.000
   - Materiais Secundários   2.000
   - Materiais de Embalagem   700
   - Materiais de Limpeza (Indiretos)   300
   - Materiais de Expediente (Indiretos)   100

2.2. Mão de Obra aplicada na produção do período:

- Mão de Obra Direta — 2.500
- Mão de Obra Indireta — 1.700

2.3. Gastos Gerais de Fabricação aplicados no período:

- Energia Elétrica — 1.100
- Água — 400
- Aluguel da Fábrica — 1.200
- Depreciação — 200
- Serviços de Terceiros — 600
- Total — 3.500

3. Estoques Finais em 31/12/X5

- Estoque de Matérias-primas — 2.100
- Estoque de Materiais Secundários — 750
- Estoque de Materiais de Embalagem — 350
- Estoque de Produtos Acabados — 4.000
- Estoque de Produtos em Elaboração — 900

Após elaborar a DCPV, responda:

a) Qual foi o valor do Custo Primário?
b) Qual foi o valor dos Custos Diretos de Fabricação?
c) Qual foi o valor dos Custos Indiretos de Fabricação?
d) Qual foi o valor do Custo de Produção do Período?
e) Qual foi o valor do Custo da Produção Acabada no período?
f) Qual foi o valor do Custo dos Produtos Vendidos?
g) Sabendo-se que o valor das Vendas de Produtos foi de $ 20.000, qual foi o Lucro Bruto apurado?

Prática 2

Em 31 de maio, a empresa Industrial Buenos Aires S/A apresentou o seguinte movimento em relação ao mês:

ESTOQUES INICIAL FINAL

Matérias-primas	900	950
Produtos em Elaboração	300	250
Produtos Acabados	1.200	400

CUSTOS INCORRIDOS NO MÊS

- Mão de Obra Direta — 860
- Custos Indiretos de Fabricação — 1.250

VENDAS REALIZADAS NO MÊS

- Vendas de Produtos — 9.610

LUCRO BRUTO
- Lucro nas Vendas de Produtos   5.000

Com base nos dados apresentados anteriormente, elabore a DCPV e escolha a alternativa correta nas questões a seguir.

1. O Custo dos produtos vendidos foi de:
   a) $ 4.060.
   b) $ 4.610.
   c) $ 9.610.
   d) $ 2.510.
   e) $ 1.700.

2. O valor das compras de matérias-primas foi de:
   a) $ 900.
   b) $ 950.
   c) $ 2.400.
   d) $ 1.700.
   e) $ 4.060.

3. O Custo da Produção Acabada no período foi de:
   a) $ 3.810.
   b) $ 4.060.
   c) $ 3.760.
   d) $ 5.010.
   e) $ 950.

3.2 Custo das Mercadorias Vendidas

Custo das Mercadorias Vendidas é uma expressão comumente utilizada nas empresas comerciais. Corresponde ao quanto a empresa pagou aos seus fornecedores pelas mercadorias que vendeu aos seus clientes.

É preciso considerar que o valor pago pela empresa comercial ao fornecedor na compra de mercadorias pode sofrer alterações (o que é muito comum em transações dessa natureza). Pode haver aumentos ou diminuições nos valores originalmente pagos aos fornecedores pelos seguintes motivos:

- abatimentos e descontos obtidos;
- fretes e seguros;
- tributos que podem incidir sobre as compras (conforme eles sejam recuperáveis ou não pela empresa comercial).

Assim, considere que uma empresa comercial pode vender, em determinado período, a quantidade total ou parcial de mercadorias adquiridas naquele mesmo período ou em períodos anteriores. Para calcular o Custo das Mercadorias Vendidas em cada período, pode-se aplicar a seguinte fórmula:

$$CMV = EI + (C + FSC - CA - DIO - A) - EF$$

Em que:
    CMV = Custo das Mercadorias Vendidas.
    EI   = Custo das mercadorias que estavam em estoque no início do período.
    C   = Custo das compras efetuadas no respectivo período.
    FSC = Valor dos fretes e seguros pagos no transporte das mercadorias adquiridas.
    DIO = Descontos obtidos incondicionalmente nas compras.
    A   = Abatimentos obtidos em decorrência de avarias no transporte ou por outros motivos.
    EF = Custo das mercadorias existentes em estoque no final do período.

nota
- Quanto aos tributos incidentes sobre as compras, é preciso observar a legislação em vigor no país, em cada período de apuração, para se aplicar os procedimentos corretamente.

3.3 Custo dos Serviços Prestados

Custo dos Serviços Prestados é uma expressão comumente utilizada em empresas prestadoras de serviços.

Os serviços a terceiros podem ser prestados tanto por pessoas físicas (profissionais autônomos, como pedreiros, encanadores, eletricistas, advogados, engenheiros civis, jardineiros etc.) quanto por empresas que exclusivamente operam nesse ramo de atividade ou, ainda, por empresas que, possuindo uma atividade principal, também prestam serviços, como ocorre com algumas empresas comerciais e industriais.

Entre as empresas comerciais que, além do comércio de bens, também prestam serviços, estão aquelas que atuam no comércio de veículos e autopeças. As revendedoras de veículos, além da atividade comercial de revenda de automóveis e autopeças, normalmente prestam serviços de revisão e manutenção nos veículos de seus clientes.

Há uma infinidade de empresas industriais que, além de transformar matérias-primas em produtos, prestam serviços a seus clientes (por exemplo, executando montagem, cromagem, niquelagem, beneficiamentos de peças, usinagem etc.).

Em geral, entende-se por custo da prestação de um serviço o salário e os encargos do trabalhador que executou uma tarefa. Entretanto, ao prestar algum serviço a terceiros, os custos de um prestador de serviços (seja ele pessoa física ou empresa) terão acréscimo de outros gastos, que podem variar conforme a natureza dos serviços prestados.

Assim, o custo com a prestação de serviços, além da mão de obra, poderá envolver gastos com o uso de máquinas, ferramentas e equipamentos; com o consumo de materiais auxiliares e de limpeza, de energia elétrica, combustíveis etc.

Quando uma empresa contrata serviços de um profissional autônomo ou de outra empresa, o custo do serviço corresponderá ao valor pago ao prestador do serviço. Entretanto, no valor que o prestador do serviço recebe (seja ele um profissional autônomo ou uma empresa), estará embutido o custo necessário para a realização da tarefa somado a uma margem de lucro.

O custo dos serviços oferecidos pelas empresas prestadoras de serviços poderá ser composto pelos mesmos elementos que formam o custo de fabricação em uma empresa industrial: Materiais, Mão de Obra e Gastos Gerais de Fabricação.

É evidente que, pelas características comuns aos processos de fabricação nas empresas industriais, o custo com mão de obra é inferior ao custo com materiais aplicados. Em uma indústria têxtil, por exemplo, o custo com a matéria-prima e os materiais secundários pode representar entre 80% e 90% do custo total de fabricação. Já nas empresas de prestação de serviços, o gasto mais importante quase sempre é com a mão de obra.

Podemos concluir que, em uma empresa de prestação de serviços, os critérios adotados para calcular o custo dos serviços prestados são semelhantes aos critérios de apuração do custo de fabricação em uma empresa industrial.

A empresa de prestação de serviços certamente não conterá em seu Ativo os estoques de Serviços Acabados. No entanto, poderá manter em estoque os materiais que serão consumidos ou aplicados na prestação dos serviços. Da mesma forma, essas empresas incorrerão em outros gastos, como a depreciação de veículos, computadores e máquinas, ferramentas e equipamentos necessários à prestação dos serviços.

EXEMPLO PRÁTICO

Uma empresa de prestação de serviços opera basicamente retirando entulhos de construções civis e empresas em geral.

Para prestar seus serviços, essa empresa utiliza cinco caminhões apropriados e possui 10 caçambas, também apropriadas para a coleta e o transporte dos entulhos. Possui 10 colaboradores, dos quais oito atuam na prestação dos serviços. Eles dirigem os caminhões e manobram a carga e descarga das caçambas. Outros dois colaboradores trabalham no escritório exercendo funções administrativas.

No escritório, existem dois computadores, um armário, duas mesas, quatro cadeiras, um aparelho de fax e um telefone fixo.

E X E M P L O   P R Á T I C O

Suponhamos, então, os seguintes fatos ocorridos durante o mês de novembro:

Salários e encargos do pessoal do escritório	2.000
Salários e encargos dos motoristas	12.000
Lanches e Refeições dos motoristas	2.500
Lanches e Refeições dos escriturários	300
Depreciação dos computadores	600
Depreciação dos Móveis e utensílios	500
Depreciação dos veículos (com caçambas)	20.000
Energia elétrica	200
Telefone	150
Aluguel do imóvel	800
Combustíveis	8.000
Manutenção dos veículos	5.000
Serviços faturados e recebidos no mês	70.000
Tributos sobre Serviços devidos sobre o faturamento do mês a serem pagos no mês seguinte	3.500

Considerando somente os fatos mostrados anteriormente, veja como serão calculados o Custo dos Serviços Prestados, o resultado bruto e o resultado líquido referentes ao mês de março:

CUSTO DOS SERVIÇOS PRESTADOS	
Salários e encargos dos motoristas	12.000
Lanches e refeições dos motoristas	2.500
Depreciação dos veículos	20.000
Estacionamento	1.200
Combustíveis	8.000
Manutenção dos veículos	5.000
Total	48.700

EXEMPLO PRÁTICO

RESULTADO BRUTO	
Receitas de Serviços	70.000
(–) Tributos Sobre Serviços	(3.500)
(=) Receita Líquida	66.500
(–) Custo dos Serviços Prestados	(48.700)
(=) Lucro Bruto	17.800
RESULTADO LÍQUIDO	
Lucro Bruto	17.800
(–) Salários e encargos do pessoal do escritório	(2.000)
(–) Lanches e Refeições dos escriturários	(300)
(–) Depreciação dos computadores	(600)
(–) Depreciação dos Móveis e utensílios	(500)
(–) Aluguel do imóvel	(800)
(–) Energia elétrica	(200)
(–) Telefone	(150)
(=) Lucro Líquido	13.250

Finalmente, é importante destacar que, nas empresas que prestam vários tipos de serviços, é possível apurar o custo de cada serviço prestado. Assim como nas empresas industriais, há custos diretos e indiretos em relação a cada serviço prestado. Os critérios para atribuição dos custos indiretos a cada serviço prestado são semelhantes aos aplicados para rateio dos custos indiretos nas empresas industriais.

Atividades Práticas ❷

A Budapeste Indústria e Comércio S/A, fabricante de revestimentos para automóveis, comercializa máquinas e equipamentos industriais e presta serviços de usinagem em peças.

Considerando os dados a seguir, extraídos do controle interno relativos ao mês de julho, pede-se para:

a) calcular o custo dos serviços prestados no período;

b) calcular o resultado operacional bruto ocorrido em cada uma das três atividades desenvolvidas pela empresa;

c) apurar o resultado líquido.

Noções de Custo

DADOS	
Estoque Inicial de Produtos Acabados	100.000
Estoque Inicial de Mercadorias	50.000
Custo da Produção Acabada no Período	300.000
Compra de Mercadorias	100.000
Estoque Final de Produtos Acabados	120.000
Estoque Final de Mercadorias	30.000
GASTOS COM A PRESTAÇÃO DE SERVIÇOS	
Salários e encargos	30.000
Materiais aplicados	10.000
Depreciação de Máquinas e Equipamentos	2.000
Outros gastos incorridos	3.000
IMPOSTOS E CONTRIBUIÇÕES SOBRE FATURAMENTO	
Impostos e Contribuições s/ vendas prod.	70.000
Impostos e Contribuições sobre vendas de mercadorias	50.000
Impostos e Contribuições sobre Serviços	7.000
Despesas incorridas no mês	
Despesas Administrativas	25.000
Despesas Com Vendas	10.000
Despesas Financeiras	4.000
Outras Despesas Operacionais	2.000
RECEITAS DO PERÍODO	
Vendas de Produtos	400.000
Vendas de Mercadorias	250.000
Vendas de Serviços	100.000

3.4 Sistemas de Custeio

Existem vários sistemas que podem ser utilizados para o custeamento dos produtos:

- uns com fins específicos de alocar os custos indiretos nos produtos (por exemplo, o sistema de custeio departamental e o sistema de custeio ABC);
- outros com fins específicos de promover a composição do custo total de fabricação dos produtos (por exemplo, os sistemas de custeio direto por absorção e RKW).

Para facilitar, diferenciamos custos de despesas dizendo que: "a despesa vai para o resultado enquanto o custo vai para o produto". Os gastos que correspondem a custos ou a despesas integrarão o custo de fabricação ou o resultado do exercício, conforme o sistema de custeio adotado. Veja mais a seguir.

a) Sistema de Custeio Direto ou Variável

Esse sistema contempla como custo de fabricação somente os custos diretos ou variáveis. Nesse caso, os custos indiretos integram o resultado juntamente com as despesas. Por contemplar apenas parte dos custos incorridos na fabricação, esse sistema, normalmente, não é aceito pelo fisco para direcionar a contabilização dos custos incorridos aos produtos. A inclusão da carga de custos indiretos juntamente com as despesas onera o resultado. Nos períodos em que a empresa industrial vender toda a produção iniciada e concluída no mesmo período, o resultado não será afetado; entretanto, quando parte da produção for ativada, a adoção desse sistema implicará em estoques e lucro líquido subavaliados. Portanto, a adoção do sistema de custeio direto fica restrita apenas a fins gerenciais.

Nesse caso, o custo de produção do período poderá ser obtido no item 9 da Demonstração do Custo dos Produtos Vendidos, apresentada na Seção 3.1.2.

b) Sistema de Custeio por Absorção

Esse sistema de custeio contempla como custo de fabricação todos os custos incorridos no processo de fabricação do período, sejam eles diretos ou indiretos. Nesse caso, somente as despesas integrarão o resultado do exercício.

Adotando-se esse sistema, o custo de produção do período poderá ser obtido no item 11 da Demonstração do Custo dos Produtos Vendidos, apresentada na Seção 3.1.2.

c) Sistema de Custeio RKW

O sistema de custeio RKW (*Reichskuratorium für Wirtschaftlichtkeit*), criado por um órgão governamental da Alemanha, contempla como custo dos produtos todos os custos e as despesas incorridas no período.

No Brasil, contabilmente é inviável a adoção desse sistema, uma vez que fere tanto os princípios de Contabilidade, especificamente o princípio da competência, como também se incompatibiliza com a legislação tributária.

EXEMPLO PRÁTICO

Considere as seguintes informações extraídas do controle interno de uma empresa industrial, relativas ao mês de fevereiro de X1:

- Foi iniciada e concluída durante o mês, a fabricação de 100 unidades do produto A.
- Matéria-prima, mão de obra direta e outros custos diretos representaram $ 20.000.
- Os custos indiretos de fabricação representaram $ 5.000.
- As despesas incorridas no período representaram $ 7.000.

EXEMPLO PRÁTICO

Veja como ficará o custo e o resultado em cada sistema apresentado, considerando que: não havia estoque inicial de produtos em elaboração e de produtos acabados; não ocorreram vendas nem outras receitas no período.

a) Custeio Direto

CUSTO DE FABRICAÇÃO	
Custos Diretos	20.000
(=) Custo de fabricação do período	20.000

RESULTADO	
Custos Indiretos	5.000
(+) Despesas	7.000
(=) Prejuízo do período	12.000

b) Sistema de Custeio por Absorção:

CUSTO DE FABRICAÇÃO	
Custos Diretos	20.000
(+) Custos Indiretos	5.000
(=) Custo total	25.000

RESULTADO	
Despesas	7.000
(=) Prejuízo	7.000

c) Sistema de Custeio RKW

CUSTO DE FABRICAÇÃO	
Custos Diretos	20.000
(+) Custos Indiretos	5.000
(+) Despesas	7.000
(=) Custo de fabricação do período	32.000

RESULTADO	
	(Sem movimento)

CAPÍTULO

4 ▶

MATERIAIS

4.1 Conceito

No Capítulo 2, quando estudamos os elementos componentes do custo de fabricação, vimos que materiais são os objetos utilizados no processo de fabricação. Explicamos também que alguns materiais integram o produto (por exemplo, as matérias-primas e os materiais secundários), enquanto outros materiais são consumidos no processo de fabricação sem integrar os produtos (materiais auxiliares como lixas, estopas, óleos e lubrificantes para as máquinas etc.), com os materiais de limpeza e outros.

4.2 Classificação

Conforme estudamos no Capítulo 2, em relação aos produtos fabricados, os materiais podem ser classificados em Diretos e Indiretos.

4.2.1 Materiais Diretos

São considerados Diretos todos os materiais aplicados no processo de fabricação e que integram os produtos fabricados, como ocorre com a matéria-prima e com os materiais secundários.

Os materiais de embalagem devem ser classificados também como diretos quando aplicados nos produtos dentro da área de produção.

Os materiais diretos são assim denominados porque, além de integrarem os produtos, suas quantidades e seus valores podem ser facilmente identificados nos produtos fabricados. Assim, não há problema em atribuir os custos desses materiais aos produtos.

4.2.2 Materiais Indiretos

São considerados indiretos os materiais que, embora aplicados no processo de fabricação, não integram os produtos.

São exemplos de materiais indiretos os combustíveis e lubrificantes utilizados na manutenção das máquinas e dos equipamentos industriais; as lixas e as estopas, na indústria de móveis de madeira; as facas utilizadas nas máquinas de corte de tecidos nas indústrias de confecções; o material de limpeza, o material de escritório e outros materiais consumidos na área de produção.

Os materiais indiretos são assim denominados porque não integram os produtos fabricados. Suas quantidades e seus valores não podem ser facilmente identificados em relação a cada produto fabricado.

A identificação dos materiais indiretos em relação a cada produto não é simples, porque eles são utilizados na fabricação de vários produtos ao mesmo tempo. Assim, atribuir os custos desses materiais aos produtos somente será possível por meio de rateio.

O rateio, conforme vimos, consiste na distribuição dos custos indiretos aos produtos. Essa distribuição é feita por critérios estimados ou arbitrados pela empresa.

Por razões práticas, alguns materiais de pequeno valor, mesmo integrando os produtos, geralmente são classificados juntamente com os materiais indiretos. Assim, a atribuição dos custos desses materiais aos produtos é feita juntamente com os custos dos materiais indiretos.

Dependendo da característica do processo de fabricação, é comum, também, por razões de simplificação, considerar como material direto somente a matéria-prima. Todos os demais materiais aplicados no processo de fabricação, integrando ou não os produtos, são classificados como materiais indiretos. Essa decisão dependerá evidentemente de estudos de viabilidade realizados pela empresa para concluir a adoção desse procedimento. Nessas ocasiões, a relação custo-benefício deve sempre ser considerada.

Atividades Teóricas

1. **Responda:**
   1.1 O que são materiais diretos?
   1.2 O que são materiais indiretos?
   1.3 Como deve ser feita a atribuição dos custos indiretos aos produtos?
   1.4 A indústria de móveis PHC Ltda. fabricou 100 mesas de jantar de mogno, tamanho 2,20 × 1,00 m, tendo aplicado os seguintes materiais: madeira, cola, prego, parafusos, lixas e verniz. Gastou $ 10.000 com a madeira e $ 30 com os demais materiais. Embora seja possível conhecer a quantidade exata de pregos e parafusos utilizados em cada mesa, a empresa prefere considerar somente a madeira como material direto. O procedimento dessa empresa está correto? Justifique.

2. **Classifique as afirmações em falsas (F) ou verdadeiras (V):**
   2.1 ( ) A Matéria-prima e os Materiais Secundários são Materiais Diretos.
   2.2 ( ) Os materiais auxiliares são indiretos.
   2.3 ( ) Materiais diretos são aqueles cujas quantidades e valores podem ser facilmente identificados em relação aos produtos fabricados.
   2.4 ( ) Os materiais indiretos são assim denominados porque suas quantidades e seus valores podem ser facilmente identificados em relação aos produtos fabricados.

3. **Escolha a alternativa correta:**
   3.1 Tecidos, lubrificantes, facas usadas no corte de tecidos, aviamentos, produto de limpeza de acabamento, embalagem. Nessa relação, encontramos:
   a) 3 materiais diretos e 3 materiais indiretos.
   b) 1 matéria-prima, 1 material secundário, 1 material de embalagem e 3 materiais auxiliares.
   c) 2 matérias-primas, 1 material secundário e 3 materiais auxiliares.
   d) 2 matérias-primas, 2 materiais secundários e 2 materiais auxiliares.
   e) As alternativas "c" e "d" estão incorretas.

4.3 Estoques de Materiais

4.3.1 Almoxarifado

Almoxarifado é um espaço da empresa industrial onde são armazenados os materiais que serão aplicados no processo de fabricação ou consumidos nas diversas áreas que compõem a empresa industrial.

Os responsáveis pelo almoxarifado cuidam de recebimento, estocagem, conservação, controle e distribuição dos materiais tanto para a área de produção como para as demais áreas da empresa.

Assim, além dos materiais que serão aplicados no processo de fabricação, poderão ser encontrados no almoxarifado outros materiais, como produtos acabados, bens de uso da empresa (móveis e utensílios, máquinas, ferramentas etc.), materiais de limpeza, materiais de expediente etc.

O almoxarifado, portanto, é um órgão de grande importância para a empresa industrial, especialmente por ser onde se controla os materiais que serão aplicados ou consumidos durante o processo de fabricação. Isso possibilita que os custos atribuídos aos produtos sejam os mais reais possíveis.

Os documentos que comprovam as entradas de materiais no almoxarifado são basicamente as Notas Fiscais de compras, emitidas pelos fornecedores; e as Guias de Transferências ou documentos equivalentes, emitidos pelas áreas de produção, administração e comercialização.

O controle de entradas, estocagens e saídas dos materiais pode ser feito por meio de fichas de controle de estoques, fichas de prateleiras, livros etc. Os resultados mais satisfatórios, porém, são alcançados quando esses controles são feitos com apoio de programas de computador, principalmente nos casos em que o almoxarifado movimenta grande variedade de materiais.

Os programas para controle de estoques permitem acompanhamentos eficientes, ágeis e seguros. Esses softwares armazenam entradas e saídas de materiais nos estoques; quantidades e aos valores unitários e totais; e fornecem outras informações de interesse, como alertar a administração sempre que os estoques atingirem níveis máximos ou mínimos.

Os materiais adquiridos pela empresa industrial permanecem estocados no almoxarifado até que sejam requisitados pelas seções de produção da fábrica ou por outros setores da empresa.

O documento utilizado internamente para comprovar as saídas de materiais do almoxarifado para os diversos setores da empresa industrial denomina-se Requisição de Materiais.

A Requisição de Materiais deve ser emitida em três vias, pelo menos. Uma das vias fica no almoxarifado; outra com a seção ou o setor requisitante; e a terceira com o departamento de Contabilidade de Custos.

É por meio desse documento que a Contabilidade de Custos aloca os custos dos materiais requisitados nos produtos fabricados.

De acordo com o sistema de custeio utilizado, essa apropriação poderá ser feita para a seção ou o departamento requisitante, para a ordem de produção etc.

Todo material que passa pelo almoxarifado deve ser contabilizado em contas de estoques e classificadas no Ativo Circulante do Balanço Patrimonial.

4.3.2 Mercadorias

Mercadorias são os objetos que as empresas compram para revender, sem transformá-los.

As empresas que compram mercadorias para revender são conhecidas como empresas comerciais. Entretanto, há empresas que atuam nos ramos industrial e comercial. Isso ocorre em ambientes organizacionais que produzem, mas também compram e revendem mercadorias.

O lucro, resultado apurado nas operações de compras e vendas de mercadorias, é obtido no confronto entre o custo de aquisição das mercadorias vendidas e a receita líquida de vendas.

O custo de aquisição das mercadorias que integram os estoques das empresas comerciais nem sempre corresponde ao valor pago ao fornecedor. Ele poderá ser inferior ou superior a esse valor.

A orientação está nas normas internacionais de contabilidade e consiste no seguinte: o custo de aquisição dos bens que integrarão os estoques compreende o preço de compra, os impostos de importação e outros tributos, bem como as despesas acessórias como os custos de transporte, seguro, manuseio e outros diretamente atribuíveis à aquisição de produtos acabados, materiais e serviços. Devem ser excluídos do custo de aquisição os descontos comerciais (descontos incondicionais obtidos), os abatimentos, os tributos recuperáveis, bem como os juros embutidos nas operações de compras a prazo.

É importante destacar que nem todas as operações com mercadorias (compras e vendas) sofrem a incidência de tributos. Mas, de acordo com a legislação vigente, há situações em que a empresa pode, no momento da venda de uma mercadoria, recuperar o tributo que pagou no ato da compra dessa mesma mercadoria. Por esse motivo, o valor do tributo deve ser excluído do custo de aquisição. Há, ainda, situações em que os tributos incidentes sobre as compras de determinadas mercadorias, por não serem recuperáveis no momento da venda dessas mesmas mercadorias, devem integrar o custo delas.

4.3.3 Produtos Acabados

Produtos Acabados são os objetos fabricados pela empresa industrial. Depois de concluída a última fase da produção, os produtos acabados são transferidos para o almoxarifado, onde ficam armazenados aguardando o momento da venda.

O resultado da venda de produtos também é apurado pelo confronto entre a receita líquida de vendas e o custo dos produtos vendidos.

O custo dos produtos vendidos corresponde aos gastos incorridos na fabricação dos respectivos produtos, com materiais, mão de obra e gastos gerais de fabricação.

4.3.4 Produtos em Elaboração

Os **Produtos em Elaboração** compreendem os produtos cujos processos de fabricação ainda não foram concluídos.

Fisicamente, esses produtos não passam pelo almoxarifado, pois continuam sendo processados na área de produção da fábrica. Entretanto, no encerramento de cada período, com a finalidade de se apurar o resultado e elaborar o Balanço Patrimonial, é necessário conhecer o montante do custo dos produtos que se encontram em fase de elaboração.

Dependendo das características que envolvem o processo industrial, no final de um período, poderão ser encontrados produtos em diversas fases de fabricação. Alguns poderão estar quase totalmente concluídos, enquanto outros estão na metade do processo e, ainda, outros no início. Por este ser um livro de introdução ao tema, não trataremos dos critérios que devem ser adotados para se atribuir custos a esses produtos.

Capítulo 4 • Materiais

4.3.5 Matérias-primas

Você já estudou que a **matéria-prima** é o material indispensável na fabricação do produto.

O valor da matéria-prima que integrará o custo de fabricação dos produtos é apurado como se apura o custo das mercadorias adquiridas (como visto na Seção 4.3.2). Corresponde ao preço pago ao fornecedor, excluídos os tributos recuperáveis no momento da venda do produto fabricado + os tributos não recuperáveis + as despesas acessórias com fretes, seguros e outras que possam surgir até a entrada desses materiais no almoxarifado da empresa.

4.3.6 Materiais Secundários

Como vimos anteriormente, os **materiais secundários** são aqueles que entram na composição dos produtos, juntamente com a matéria-prima (complementando-a ou até mesmo dando o acabamento necessário ao produto).

O valor dos materiais secundários aplicados no processo de fabricação que deverá integrar o custo de fabricação dos produtos é apurado de forma semelhante a apuração do custo das matérias-primas.

4.3.7 Materiais Auxiliares

São aqueles consumidos no processo de fabricação, porém, sem integrar os produtos.

Os gastos com esses materiais para fins de atribuição aos custos de fabricação também são apurados de forma semelhante à apuração dos custos com matérias-primas.

4.3.8 Materiais de Acondicionamento e Embalagem

Os **Materiais de Acondicionamento e Embalagem** referem-se aos materiais utilizados para embalar os produtos e protegê-los antes que deixem a área de produção; utilizados para acondicionar ou embalar os produtos no momento da venda.

Na área de produção, há produtos que precisam ser acondicionados em recipientes de alumínio, vidro ou em embalagens plásticas ou de material semelhante, como ocorre com as bebidas em geral; há produtos que recebem uma camada protetora de material plástico ou semelhante, como grande parte dos brinquedos e produtos eletrônicos; outros precisam ser embalados em sacos plásticos ou caixas, como grande parte das roupas; outros precisam ser embalados em sacos, copos, bandejas ou em recipientes de plástico, papelão ou de outro material, como os produtos alimentícios; há ainda materiais que precisam ser acondicionados em caixas mais resistentes para facilitar o transporte, como os eletrodomésticos.

Portanto, esses materiais de embalagem ou acondicionamento devem integrar o custo de fabricação dos respectivos produtos.

Depois de concluídos os processos de fabricação, os produtos são transferidos para o almoxarifado ou para outro departamento de controle de estoque, para que possam ser comercializados.

Na área comercial, de acordo com as vendas para varejo ou por atacado, vários tipos de materiais de embalagem e de acondicionamento poderão ser utilizados. Para produtos específicos que precisam ser acondicionados para transporte em rodovias ou ferrovias, por exemplo, podem ser utilizadas caixas de madeira, plástico ou papelão; podem ser usadas também tiras de metal, papéis à prova d'água ou de umidade, cordas, fitas etc.

Assim, os produtos poderão ser embalados ou acondicionados nas áreas de produção ou comercial.

Não se deve confundir, portanto, o material de embalagem ou acondicionamento aplicado nos produtos ainda na área de produção com os materiais utilizados na embalagem no momento da venda dos produtos.

Os materiais usados para embalar no momento da venda devem ser incluídos entre as despesas com as vendas. Eles não integram o custo de fabricação.

A apuração dos custos desses materiais também é feita de forma semelhante à apuração do custo das matérias-primas.

4.3.9 Subprodutos

Subprodutos são as sobras de materiais que se acumulam regularmente nos processos de fabricação. Essas sobras são frequentemente comercializadas pela empresa industrial.

São subprodutos, portanto, as aparas nas indústrias que trabalham com papel; as limalhas nas indústrias que trabalham com materiais ferrosos; as serragens nas indústrias que trabalham com madeira; os retalhos nas indústrias de confecções etc.

As condições necessárias para que as sobras de produção sejam classificadas como subprodutos são a existência regular de cotação de preços e mercado para sua comercialização.

Aos subprodutos não devem ser atribuídos custos de fabricação. O valor arrecadado com a venda deve ser tratado como recuperação dos custos de fabricação do período, sendo abatido do montante dos custos de fabricação incorridos no mesmo período em que os subprodutos foram gerados.

Assim, o montante obtido na venda dos subprodutos será contabilizado a crédito da conta que representa o custo de fabricação do período.

Os subprodutos são comuns em um processo produtivo. Mas é importante evitar que a receita auferida com a venda desses subprodutos gerados em um determinado período seja abatida do custo da produção de períodos futuros. No final de cada período de apuração dos resultados (mês ou ano), será preciso elaborar um inventário físico e avaliar os subprodutos com base no preço de venda.

Assim, no período em que os subprodutos forem gerados, o preço de venda no mercado será utilizado para valoração do estoque e para abater no custo de produção do respectivo período.

Exemplo: suponhamos que, no dia 30 de junho, uma determinada indústria que atua no ramo de confecções de roupas femininas tenha levantado um estoque de retalhos de 2.000 kg.

Considerando que o preço de venda a ser alcançado por esse subproduto seja igual a $ 2 o quilo, veja como o registro será feito em 30 de junho:

Estoque de Subprodutos
   a Custo de Produção do Período
      Conf. inventário realizado.   5.000

Observe que, com o registro apresentado anteriormente, o custo de fabricação do período foi reduzido a partir do valor dos subprodutos. Esse custo permanecerá no Ativo Circulante dos estoques, aguardando o momento da venda para ser efetivamente recuperado pela empresa.

Vamos considerar agora que, em julho, a empresa tenha efetuado a venda desses subprodutos. O valor foi pago em dinheiro. Nesse caso, o registro contábil ficará assim:

```
Caixa
    a Estoque de Subprodutos
        Venda conf. NF ...                              5.000
    _____  _____
```

Observe, no entanto, que a venda dos subprodutos não representa receita para a empresa. Como já estudamos, trata-se de uma recuperação do custo de fabricação do período.

Esse custo foi excluído da produção no período em que os subprodutos foram gerados, sendo ativado no grupo dos estoques.

Observe, finalmente, que a venda do subproduto caracteriza a recuperação do custo de fabricação. Se, porventura, a venda for realizada por valor superior ou inferior ao preliminarmente fixado, essas diferenças serão contabilizadas como lucro ou prejuízo, conforme o caso.

É importante salientar que as vendas em geral, além de estarem sujeitas a incidência de tributos, poderão, ainda, gerar gastos para a empresa, com o pagamento de comissões, fretes e seguros etc. Se, porventura, esses gastos ocorrerem também na venda dos subprodutos, todos eles deverão ser abatidos do preço de venda. Isso é importante para que somente o valor líquido de realização da venda seja considerado recuperação do custo de fabricação.

Exemplo: suponhamos que, no final de maio, a Indústria de Papel Pequim S/A tenha realizado um inventário físico e constatado a existência de 10.000 kg de aparas de papel com preço de venda estimado em $ 5.000.

Suponhamos ainda que, para realizar essa venda, a empresa incorra nas seguintes despesas: comissões $ 50; fretes e seguros $ 100; e tributos $ 500.

Veja o cálculo a seguir.

a) Cálculo do valor líquido de realização:

Preço de venda estimado	5.000
(–) Comissões	(50)
(–) Fretes e Seguros	(100)
(–) Tributos	(500)
(=) Valor líquido de realização	4.350

b) Contabilização no último dia de maio:

```
Estoque de Subprodutos
a Custo de Produção do Período
    Contabilização que se processa do estoque
        de subprodutos, avaliados pelo preço
        de realização, conf. cálculos              4.350
    _____  _____
```

Vamos considerar agora que, no mês de junho, a empresa tenha vendido os 10.000 kg de subprodutos por $ 5.000, incorrendo nas despesas conforme previsão.

Veja, a seguir, como ficará o registro contábil:

```
Caixa
a Diversos
a Estoque de Subprodutos              4.350
a Comissões a Pagar                     100
a Fretes e Seguros a Pagar               50
a Tributos a Recolher                   500        5.000
_____  _____
```

Durante a negociação, quando os subprodutos precisarem passar por algum tratamento especial, os custos decorrentes desse tratamento também deverão ser abatidos do preço de venda. Isso é necessário para se obter o valor líquido de realização.

Exemplo: temos determinada quantidade de subprodutos com preço de venda estimado em $ 100. Suponhamos que, para que o subproduto estivesse em condições de venda, a empresa industrial tenha precisado gastar $ 15 com beneficiamento, valor que pagou a uma empresa especializada. Considerando que, para ocorrer a venda, serão gastos $ 10 com comissões, veja a seguir como esses valores serão contabilizados:

1. No final do período
   ```
   Estoque de Subprodutos
   a Diversos
   a Custo de Produção do Período       75
   a Caixa                              15         90
   _____  _____
   ```

2. Por ocasião da venda
   ```
   Caixa
   a Diversos
   a Estoque de Subprodutos             90
   a Comissões a Pagar                  10        100
   _____  _____
   ```

4.3.10 Sucatas

As **sucatas** compreendem os materiais desperdiçados durante o processo de fabricação, sem a existência de mercado regular para sua comercialização.

Por serem esporadicamente vendidas, o tratamento contábil dedicado a elas é diferente daquele atribuído aos subprodutos: não são contabilizadas como estoques e o montante auferido com as suas vendas também não será considerado como recuperação do custo de fabricação do período.

Portanto, as sucatas somente serão contabilizadas quando houver vendas, sendo consideradas como receitas operacionais, classificadas no grupo das Outras Receitas Operacionais, pelo valor alcançado no mercado.

Exemplo: a empresa Industrial Tunis S/A vendeu 7.000 kg de sucata ferrosa, à vista, por $ 980, conforme Nota Fiscal (NF) nº 1.719.

Contabilização na data da venda:

```
Caixa
a Receitas na Venda de Sucatas
     Conf. nossa NF nº 1.719, ref.
a 7.000 kg de sucata.                              980
_____  _____
```

4.3.11 Materiais de Consumo

São os materiais adquiridos para serem consumidos por todas as áreas da empresa industrial. Esses materiais podem ser agrupados de acordo com as suas finalidades. Veremos cada um deles a seguir.

4.3.11.1 *Materiais de escritório (ou de expediente)*

São todos os materiais adquiridos para uso durante o expediente normal da empresa industrial.

Esses materiais são consumidos por todas as áreas da empresa, seja ela administrativa, comercial ou de produção. São materiais de escritório, como canetas, lápis, borrachas, papéis utilizados para impressão de documentos, clipes, elásticos, cola, barbante, pastas poliondas, pastas e caixas para arquivos de documentos, fitas adesivas, etiquetas, colchetes, grampeadores, envelopes etc.

Tendo em vista que esses materiais são consumidos em todas as áreas de atividades da empresa industrial, o ideal é que sejam controlados por meio de inventário permanente. Assim, por esse sistema de controle de estoques, as compras serão registradas inicialmente em contas de estoques, mediante as notas fiscais emitidas pelos fornecedores. O consumo será controlado por meio das requisições de materiais emitidas pelas seções, pelos setores ou pelos departamentos requisitantes. Portanto, as entradas nos estoques serão lançadas por meio das notas fiscais de compras enquanto as baixas nos estoques serão lançadas por meio das requisições.

Com o controle permanente dos estoques, o consumo será facilmente identificado e atribuído a cada uma das áreas requisitantes.

Quando a manutenção de controle permanente desses estoques se tornar onerosa para a empresa (falta de materialidade), o consumo desses materiais poderá ser apurado por meio do sistema de inventário periódico. Nesse caso, o consumo será apurado por diferenças de estoques. Assim, no final do período, mês ou ano, bastará subtrair o valor do estoque físico do valor do estoque contábil. A diferença corresponderá ao consumo do período.

O estoque contábil será igual ao estoque inicial adicionado das compras efetuadas durante o período; o estoque físico será apurado mediante a contagem dos materiais existentes em estoque no final do mesmo período, com atribuição de custos pelo critério PEPS (será estudado no Capítulo 5 deste livro).

Adotando essa opção, será necessário ratear o total consumido pelas diversas áreas da empresa. Para isso, é fundamental estimar o consumo de cada uma das áreas, utilizando como base o consumo de períodos anteriores ou por outros critérios a serem definidos em cada caso em particular.

Observe que o consumo atribuído à área de produção corresponderá a um custo indireto e será incorporado ao custo de fabricação dos produtos. O consumo atribuído às demais áreas (como comercial e administrativa) será registrado como despesas, onerando cada uma dessas áreas.

4.3.11.2 Materiais de informática

Compreendem os materiais consumidos para o processamento eletrônico de dados, como CDs, cartuchos de tintas, papéis e folhas de transparências próprias para impressão de documentos etc.

Esses materiais também são consumidos em todas as áreas da empresa industrial onde seja utilizado o computador.

Os controles de compras, estoques e consumo são semelhantes aos que ocorrem com os Materiais de Escritório. Aqui, valem as mesmas informações apresentadas na Seção 4.3.11.1 deste capítulo.

4.3.11.3 Materiais de higiene e limpeza

Referem-se aos materiais adquiridos para consumo nas diversas áreas da empresa, como limpeza de móveis ou higiene do pessoal.

Os controles de compras, estoques e consumo são semelhantes aos que ocorrem com os Materiais de Escritório. Aqui, valem as mesmas informações apresentadas na Seção 4.3.11.1 deste capítulo.

4.3.11.4 Materiais de manutenção

São os materiais adquiridos para manutenção geral da empresa, em todas as suas áreas.

Podem englobar materiais elétricos, hidráulicos, pequenas peças para reposição, óleos, lubrificantes e outras substâncias utilizadas na manutenção de máquinas e equipamentos.

Os controles de compras, estoques e consumo são semelhantes aos que ocorrem com os Materiais de Escritório. Aqui, valem as mesmas informações apresentadas na Seção 4.3.11.1 deste capítulo.

Atividades Teóricas

1. **Responda:**
   1.1 Como é composto o custo das mercadorias adquiridas?
   1.2 Como é composto o custo dos produtos vendidos?
   1.3 Cite quatro exemplos de subprodutos.
   1.4 Como deve ser tratado o valor arrecadado com a venda de subprodutos?

1.5 Para evitar que a receita auferida com a venda de subprodutos gerados em determinado período seja abatida do custo da produção de períodos futuros, qual procedimento deverá ser tomado?

1.6 Com base em que deverá ser avaliado o estoque de subprodutos?

1.7 Como será classificado o produto da venda de sucatas?

2. **Classifique as afirmativas em falsas (F) ou verdadeiras (V):**

2.1 ( ) Todo material que passa pelo Almoxarifado deve ser contabilizado em contas de estoques e classificado no Ativo Circulante do Balanço Patrimonial.

2.2 ( ) O resultado de vendas de mercadorias corresponde à receita bruta de vendas diminuída do custo das mercadorias vendidas.

2.3 ( ) O resultado de vendas de produtos corresponde à receita líquida na venda de produtos diminuída do custo dos produtos vendidos.

2.4 ( ) Os produtos cujos processos de fabricação ainda não foram concluídos correspondem aos produtos em elaboração.

2.5 ( ) Os materiais de acondicionamento e embalagem serão tratados como custos quando aplicados nos produtos ainda na fase de fabricação. Serão tratados como despesas quando utilizados pela área comercial para embalar os produtos para venda.

2.6 ( ) O estoque de subprodutos, quando levantado, será contabilizado a débito de uma conta de estoque e a crédito da conta que registra o custo de produção do período.

2.7 ( ) Por ocasião da venda à vista dos subprodutos, o registro contábil será feito debitando-se a conta representativa da disponibilidade e creditando-se a conta representativa do estoque respectivo.

2.8 ( ) A exemplo do que ocorre com os subprodutos, as sucatas serão contabilizadas em conta de estoque no final de cada período.

3. **Escolha a alternativa correta:**

3.1 No almoxarifado:

a) as Notas Fiscais comprovam entradas de materiais e saídas para a área de produção da empresa.

b) as Notas Fiscais, as Guias de Transferências e as Requisições de Materiais comprovam entradas de materiais.

c) as Guias de Transferências comprovam entradas de materiais oriundos da área de produção.

d) as Requisições de Materiais comprovam saídas de materiais para venda e finalização de produção.

e) Todas as alternativas estão incorretas.

3.2 "O custo de aquisição dos bens que integrarão os estoques compreende o preço de compra, os impostos de importação e outros tributos, bem como as despesas acessórias como os custos de transporte, seguro, manuseio e outros diretamente atribuíveis à aquisição de produtos acabados, materiais e serviços. Devem ser excluídos do custo de aquisição os descontos comerciais (descontos incondicionais obtidos), os abatimentos, os tributos recuperáveis, bem como os juros embutidos nas operações de compras a prazo." Essa regra utilizada para apuração do custo de aquisição aplica-se:

a) às matérias-primas.

b) aos materiais secundários.

c) às mercadorias.

d) aos materiais de acondicionamento e embalagem.

e) Todas as alternativas estão corretas.

3.3 As sobras de materiais que se acumulam regularmente nos processos de fabricação, sendo frequentemente comercializadas pela empresa industrial, denominam-se:

a) subproduto.

b) sucata.

c) produtos em elaboração.

d) produtos acabados.

e) mercadorias ou produtos.

3.4 A existência regular de cotação de preços e mercado para sua comercialização são condições para que o material seja tratado como:

a) subproduto.

b) sucata.

c) produtos em elaboração.

d) produtos acabados.

e) mercadorias e produtos.

3.5 Os materiais desperdiçados durante o processo de fabricação, sem a existência de mercado regular para sua comercialização, denominam-se:

a) subproduto.

b) sucata.

c) produtos em elaboração.

d) produtos acabados.

e) mercadorias e produtos.

3.6 Os materiais de escritório ou de expediente, os materiais de informática e os materiais de higiene e limpeza são classificados como:

a) matérias-primas.

b) materiais secundários.

c) materiais de consumo.

d) materiais diretos.

e) Somente a alternativa "b" está correta.

4.4 Compras de materiais

Os materiais adquiridos pela empresa industrial podem se destinar a uso, venda, consumo ou aplicação no processo de fabricação.

Para contabilizar esses materiais, é preciso considerar o sistema adotado pela empresa para controle dos estoques e apuração dos resultados.

- Se o sistema adotado for inventário periódico, os materiais adquiridos deverão ser contabilizados em contas de resultado.
- Se o sistema adotado for inventário permanente, os materiais adquiridos deverão ser contabilizados em contas de estoque.

Assim, para contabilizar a compra de qualquer tipo de material, debita-se uma conta de resultado ou uma conta do Ativo Circulante que represente adequadamente o estoque do referido material. Em seguida, credita-se à conta Caixa, Bancos, Duplicatas a Pagar ou Fornecedores, conforme o caso.

Os materiais adquiridos pela empresa industrial ficam armazenados no almoxarifado até que sejam requisitados para uso, venda ou consumo.

Exemplo: a Indústria de Móveis Jacareí S/A, que adota o sistema de inventário permanente para controle dos estoques, comprou do fornecedor Madeireira Jerusalém Ltda. 200 m³ de cerejeira, tendo pago em dinheiro a importância de $ 50.000, conforme Nota Fiscal nº 3.522.

Contabilização no livro Diário:

Estoque de Matérias-primas
a Caixa
    Compra conf. NF nº 3.522, do fornecedor
    Madeireira Jerusalém Ltda., ref. a
    200 m³ de cerejeira   50.000

- Se a empresa adotasse o sistema de inventário periódico, a compra descrita anteriormente seria lançada a débito da conta Compras de Matérias-primas (que, no Plano de Contas, pertence ao grupo do Custo das Compras de Materiais)

4.5 Fatos que alteram os valores das compras

Os valores das compras efetuadas pelas empresas industriais que devem ser registrados nas contas de estoques nem sempre correspondem somente aos valores que constam das Notas Fiscais. Como estudamos anteriormente, esses valores podem ser alterados por causa de despesas acessórias (fretes, seguros etc.), descontos ou abatimentos incondicionais e tributos incidentes sobre as compras.

4.5.1 Fretes e seguros sobre compras

Correspondem ao valor que a empresa industrial ou compradora dos materiais paga diretamente ao fornecedor ou a uma terceira empresa que promoveu o transporte das mercadorias, desde o estabelecimento do fornecedor até a sede da empresa.

Exemplo: a Indústria de Utensílios de Alumínio Porto-Villa S/A, que adota o sistema de inventário permanente, comprou da empresa Industrial Taipé S/A cabos, rebites, limas e lixas para aplicar na produção, conforme Nota Fiscal nº 5.321, no valor de $ 2.000, a prazo. No corpo da Nota Fiscal, correndo por conta do destinatário, constaram despesas com fretes e seguros, no valor de $ 300, perfazendo o total de $ 2.300.

Contabilização no livro Diário:

```
Estoque de Materiais Secundários
a Fornecedores
    Industrial Taipé S/A
        NF nº 5.321, ref. à aquisição de cabos,
    rebites, limas e lixas.                         2.000
        Despesas acessórias referentes a
    fretes e seguros sobre transportes.              300         2.300
```

> **Observação**
>
> ▶ Conforme observado, o custo dos materiais adquiridos foi de $ 2.300, correspondendo ao valor dos materiais acrescido das despesas acessórias de fretes e seguros. Nesse caso, essas despesas foram incluídas no corpo da Nota Fiscal. Porém, se o transporte fosse feito por uma empresa transportadora, por exemplo, essas despesas constariam em documentos diferentes, emitidos pela transportadora, e seriam adicionadas normalmente ao valor dos materiais para o registro do custo da compra.

notas

- Quando a empresa industrial compra matérias-primas, materiais secundários, materiais de embalagem e outros, os quais são transportados de uma só vez, as despesas com fretes e seguros, por exemplo, devem ser rateadas para cada material. Nesse caso, a base de rateio deve ser a mesma base sobre a qual incidiram as respectivas despesas acessórias (geralmente essas bases são volume ou peso).
- As empresas industriais que não mantiverem controle permanente de estoques, poderão contabilizar o valor das despesas acessórias na conta Fretes e Seguros sobre Compras, que no Plano de Contas integra o grupo do custo de aquisição de materiais.

4.5.2 Compras anuladas ou devoluções de compras

As compras anuladas correspondem a anulações de valores registrados como compras.

Uma vez efetuada a compra, poderá ocorrer a sua anulação total ou parcial, por motivos variados: materiais recebidos de qualidade inferior aos adquiridos; quebra ou danos no transporte; ou qualquer outro motivo desconhecido no momento da compra.

No momento da devolução de compras, é preciso ter alguns cuidados, como prestar atenção aos valores corretos que devem ser baixados dos estoques. Assim, ao efetuar a

Capítulo 4 · Materiais

devolução de materiais adquiridos, deve-se verificar qual foi o valor registrado como custo no momento da compra. Além disso, é preciso verificar se houve despesas acessórias de fretes e seguros, descontos incondicionais, exclusão ou inclusão do valor de tributos etc.

Exemplo: a Indústria de Bolas Libreville Ltda., que adota o sistema de inventário permanente, em 7 de março, devolveu parte da compra de matéria-prima efetuada junto ao Abatedouro Luanda S/A, referente a 100 kg de couro. A compra foi efetuada em 19 de fevereiro com registro na Nota Fiscal nº 111, correspondendo a 500 kg de couro no valor de $ 500, mais $ 60 correspondentes a fretes e seguros sobre o transporte, com um valor total de $ 560.

Nesse caso, fretes e seguros não são abatidos na devolução da matéria-prima, portanto 100 kg de couro correspondem a $ 100.

Contabilização no livro Diário:

Fornecedores
Abatedouro Luanda S/A
a Estoque de Matérias-primas
    Nossa devolução de parte da
    compra efetuada através de s/NF nº 111.   100

notas

- Caso haja interesse da empresa em controlar o Custo Unitário da compra: o custo dos 400 kg que permaneceram na empresa corresponde a $ 460; o Custo Unitário, que antes era de $ 1,12 por quilograma agora passou para $ 1,15.
- As empresas industriais que adotam o Sistema de Inventário Periódico deverão contabilizar as devoluções de compras a crédito da conta Compras Anuladas, pertencente ao grupo do custo de aquisição de materiais.

4.5.3 Abatimento sobre compras

Sempre que a empresa industrial, tendo recebido materiais adquiridos de fornecedores, constatar que os referidos materiais não atendem às suas expectativas, por motivos desconhecidos no momento da compra, poderá devolver total ou parcialmente, conforme exemplo anterior (compras anuladas). Entretanto, se houver interesse em ficar com os materiais, será possível solicitar que o fornecedor conceda um abatimento.

Ganhando, então, um abatimento no preço de compra, a empresa não precisará devolver os materiais ao fornecedor, mas pagar a ele valor menor que o constante dos documentos fiscais originalmente emitidos.

Exemplo:

Como as matérias-primas adquiridas por meio da Nota Fiscal nº 331 do fornecedor Varsóvia Ltda. chegaram com avarias sofridas no transporte, nossa empresa, que adota o sistema de inventário permanente, obteve do fornecedor um abatimento no valor de $ 5.000. A compra tinha sido efetuada a prazo.

Veja como o fato será registrado no livro Diário:

Fornecedores
Varsóvia Ltda.
a Estoque de Matérias-primas
    Abatimento obtido tendo em vista
    avaria ocorrida no transporte, ref.
    n/ compra conforme s/ NF nº 331.   5.000
_____ _____

- Se a empresa adotasse o sistema de inventário periódico, deveria creditar a conta Abatimentos sobre Compras, que no Plano de Contas pertence ao grupo do Custo das Compras de Materiais.

4.5.4 Descontos incondicionais obtidos

Compreendem as parcelas redutoras do preço de compra quando constam da própria Nota Fiscal de compra e não dependem, para sua obtenção, de eventos posteriores à emissão desses documentos.

Assim, havendo descontos incondicionais, o valor dos materiais já constará do total da Nota Fiscal deduzido desses descontos. Assim, o registro desses descontos é desnecessário.

Exemplo: a Indústria de Tecidos Talim Ltda., que adota o sistema de inventário permanente, comprou 5 toneladas de algodão da Indústria Agropecuária Dublin S/A, conforme Nota Fiscal nº 567, no valor de $ 10.000. No corpo da NF constou desconto incondicional de $ 1.000. A compra foi efetuada a prazo e o total da Nota foi de $ 9.000.

Contabilização no livro Diário:

Estoque de Matérias-primas
a Fornecedores
a Indústria Agropecuária Dublin S/A
    Paga NF nº 567, ref. à compra
    de 5 toneladas de algodão.   9.000
_____ _____

Observação

▸ Verifique que o valor contabilizado na conta de estoque é o da compra, deduzido do valor do desconto incondicional, ou seja, o valor líquido constante do total da Nota Fiscal.

Capítulo 4 • Materiais

Empresas industriais de grande porte não contabilizam o Desconto Incondicional obtido, já que precisam controlar permanentemente seus estoques. Mas, se houver interesse, as indústrias que adotarem o Sistema de Inventário Periódico poderão contabilizar o referido desconto da seguinte maneira:

Compras de Matérias-primas
a Diversos
a Compra de Matérias-primas,
    conf. NF nº 567, como segue:
a Fornecedores
    Indústria Agropecuária Dublin S/A
    Valor líquido.   9.000
a Descontos Incondicionais Obtidos
    10% conf. NF supra.   1.000   10.000

- Convém ressaltar que os descontos incondicionais obtidos no momento da compra são tratados como descontos comerciais. São diferentes, portanto, dos descontos financeiros que ocorrem em estágio posterior à compra, ou seja, por ocasião do pagamento de Duplicatas.

4.5.5 Juros embutidos nas compras a prazo

De acordo com as normas internacionais de Contabilidade, nas compras a prazo, o preço que o comprador paga ao fornecedor normalmente é superior ao preço que pagaria se efetuasse à vista a compra da mesma mercadoria. Assim, a diferença entre o preço de compra a prazo e o preço de compra à vista é o custo do financiamento. Por esse motivo, essa despesa deve ser reconhecida como despesa de juros durante o período do financiamento.

Veja o exemplo a seguir, que pode ter ocorrido em uma empresa industrial: compra de matérias-primas, a prazo, do fornecedor Roma S/A, conforme NF nº 20, no valor de R$ 1.000.

Considerar que os juros embutidos pelo fornecedor foram de R$ 100; e que o pagamento será efetuado em 20 parcelas mensais iguais de R$ 50.

Considerando, ainda, que a empresa adota o sistema de inventário periódico, esse fato será contabilizado como segue:

Diversos
a Fornecedores (ou Duplicatas a Pagar)
a Roma S/A
    Compra de matérias-primas conf. NF
  nº 20, como segue:
Ajuste a Valor Presente (ou Juros Passivos a Vencer)
    Juros embutidos na operação   100

Compra de Matérias-primas
    Valor líquido da operação   900   1.000
_____ _____

Observe que a conta Ajuste a Valor Presente, nesse caso, representa despesa financeira antecipada (poderia receber outras denominações como Despesas Financeiras a Transcorrer, Juros Passivos a Vencer etc.). Essa conta é redutora da conta Fornecedores e figurará no Balanço Patrimonial como segue:

PASSIVO CIRCULANTE
Fornecedores   1.000
(–) Ajuste a Valor Presente   (100)
Saldo   900

- Por ocasião do pagamento de cada parcela ao fornecedor, a empresa deverá providenciar dois lançamentos no Diário:
  a) um para registrar o valor bruto da parcela paga ao fornecedor, mediante débito na conta Fornecedores e crédito na conta Caixa ou Bancos conta Movimento;
  b) outro para apropriar como despesa o valor dos juros relativos à parcela paga, mediante débito na conta Juros Passivos e crédito na conta Ajustes a Valor Presente.

4.6 Vendas de materiais

A principal fonte de receita da empresa industrial é decorrente da venda de produtos fabricados internamente.

Além da receita com a venda de produtos, a empresa industrial pode obter receitas ao vender outros materiais, embora essas vendas possam ocorrer em volume e frequência menores que a sua venda principal.

Assim, é comum também a venda de matérias-primas, materiais secundários, bens de uso, subprodutos, sucatas etc.

A exemplo do que ocorre com as compras, para contabilizar as vendas de materiais, é preciso considerar o sistema adotado pela empresa para controle dos estoques e apuração dos resultados. Se o sistema adotado for inventário periódico, os materiais vendidos deverão ser contabilizados a crédito da conta de resultado que reflita adequadamente a referida receita, sem a necessidade de dar baixa nos estoques. Se o sistema adotado for inventário permanente, além do registro a crédito de uma conta de receita, haverá necessidade de dar baixa nos estoques, pelo valor do custo.

É importante salientar que a empresa industrial poderá adotar uma mescla de procedimentos para realizar a contabilização das vendas de materiais, aplicando o sistema de inventário permanente para as vendas de produtos; e o sistema de inventário periódico para as vendas de outros materiais de pequeno valor. Nesse segundo caso, por razões de simplificação, não serão dadas baixas nos estoques no momento das vendas. Esses valores serão ajustados somente no final do período, após a realização do inventário físico.

Dessa forma, na venda de qualquer tipo de material, debita-se a conta Caixa, Bancos conta Movimento, Duplicatas a Receber ou Clientes conforme o caso e credita-se uma conta que represente a respectiva receita. Se o sistema adotado pela empresa for o de inventário permanente, será preciso efetuar mais um registro contábil, para dar baixa nos estoques e o custo do respectivo material vendido.

Exemplo: suponhamos que uma determinada empresa industrial tenha vendido produtos de sua fabricação, à vista, por $ 10.000, conforme Nota Fiscal nº 650. Considere que não houve incidência de tributos nessa operação.

A contabilização dessa venda no livro Diário será:

a) Empresa que adota o sistema de inventário permanente

A característica do sistema de inventário permanente é possibilitar o controle instantâneo dos estoques a cada compra e a cada venda. Assim, sempre que ocorrer vendas ou devoluções de vendas, será preciso saber o valor do custo dos produtos que estão sendo vendidos ou recebidos em devolução. Esse procedimento é importante para que se possa dar baixar ou integrar novamente o respectivo custo aos estoques. Suponhamos, então, que o custo dos produtos vendidos conforme Nota Fiscal nº 650 tenha sido igual a $ 7.000, faremos:

```
Caixa
a Vendas de Produtos
        Conf. n/ NF nº 650.                    10.000
_____  _____


Custo dos Produtos Vendidos
a Estoque de Produtos Acabados
        Baixa nos estoques tendo em vista
    nossa venda conf. NF nº 650.                7.000
_____  _____
```

Observação

▸ Observe que, nesse caso, dois lançamentos precisam ser efetuados: um para registrar o valor da receita bruta de vendas; e outro para registrar a baixa nos estoques, pelo valor do custo dos produtos vendidos.

b) Empresa que adota o sistema de inventário periódico

```
Caixa
a Vendas de Produtos
        N/ NF nº 650.                           10.000
_____  _____
```

4.7 Fatos que alteram os valores das vendas

4.7.1 Vendas anuladas ou devoluções de vendas

No momento da devolução, é comum as empresas industriais receberem de seus clientes o total ou parte dos produtos vendidos, por motivos desconhecidos no momento das vendas.

Exemplo: recebemos do cliente Henrique Martins, em devolução, produtos no valor de $ 8.000, referentes à parte de nossa venda efetuada por meio da Nota Fiscal nº 300. Considere que a importância tenha sido restituída ao cliente em dinheiro e que o custo dos referidos produtos vendidos correspondeu a $ 5.000.

Registro no livro Diário:

a) **Empresa que adota o sistema de inventário permanente**
Vendas Anuladas
a Caixa
  Devolução de vendas recebida do
  cliente Henrique Martins, ref. à parte
  da nossa NF nº 300.   8.000
_____ _____

Estoque de Produtos Acabados
a Custo dos Produtos Vendidos
  Pela reintegração ao estoque ref.
  à venda conforme NF nº 300.   5.000
_____ _____

b) **Empresa que adota o sistema de inventário periódico**
Vendas Anuladas
a Caixa
  Devolução de vendas recebida do
  cliente Henrique Martins, ref. à parte
  da nossa NF nº 300.   8.000
_____ _____

4.7.2 Abatimentos sobre vendas

Quando os clientes compram os produtos de uma empresa e constatam alguma irregularidade (avaria em decorrência do transporte, o modelo não corresponde ao pedido etc.), eles podem devolver total ou parcialmente os produtos ou solicitar um abatimento no preço de custo.

Exemplo: como os produtos que constam da Nota Fiscal nº 111, vendidos a Porto Príncipe Ltda., chegaram com avarias no destino, concedemos ao cliente um abatimento no valor de $ 1.000. O valor da Nota Fiscal citada é de $ 8.000, e a venda foi efetuada a prazo. Considere, ainda, que o custo dos produtos vendidos correspondeu a 70% do preço de venda.

Veja como fica o registro no livro Diário:

a) Empresa que adota o sistema de inventário permanente
Abatimento sobre Vendas
a Clientes
a Porto Príncipe Ltda.
    Abatimento concedido, por avarias
    ocorrida no transporte, ref. à nossa
    NF nº 111.   1.000

Observação

▸ Nesse caso, não caberá lançamento para reintegrar ao estoque o valor do custo referente ao abatimento concedido, uma vez que não houve retorno de produtos para a empresa. O abatimento representa uma redução no valor da receita bruta de vendas.

---

nota

• Nesse caso, o registro contábil na empresa industrial que adota o sistema de inventário periódico é o mesmo efetuado na empresa que adota o sistema de inventário permanente.

4.7.3 Descontos incondicionais concedidos

Independentemente de qualquer condição posterior à emissão da nota fiscal, a empresa também poderá oferecer descontos, destacando-os nas notas fiscais de venda.

Exemplo: venda de produtos a Laís Rosa, conforme Nota Fiscal nº 230, no valor de $ 20.000, tendo sido concedido desconto incondicional, destacado na própria nota fiscal, igual a $ 2.000.

Considere que o custo dos produtos vendidos correspondeu a $ 14.000. Convém, ainda, ressaltar que a contabilização do desconto incondicional concedido, como ocorre também com o desconto incondicional obtido (já estudado na Seção 4.5.4), é desnecessária. Entretanto, se houver interesse da empresa, ele poderá ser contabilizado.

Vejamos, então, como contabilizar:

Empresa que adota o sistema de inventário permanente
Diversos
a Vendas de Produtos
    NF nº 230, como segue:
Caixa
    Valor líquido da nota   18.000

Descontos Incondicionais Concedidos
10% destacados na nota fiscal supra. 2.000 20.000
_____ _____

> **notas**
>
> - Os valores do frete e do seguro incidentes sobre as vendas, quando forem responsabilidade do vendedor (fornecedor), deverão ser contabilizados em contas representativas de Despesas Operacionais, classificadas no grupo das Despesas com Vendas. Portanto, esses gastos não interferem no valor da receita bruta de vendas de produtos.
> - Nas empresas que adotam a conta desdobrada com inventário periódico ou permanente, os saldos das contas vendas anuladas, abatimentos sobre vendas e descontos incondicionais concedidos, como interferem no valor da receita bruta de vendas, serão transferidos para a conta RVP, no final do exercício, por ocasião da apuração do resultado bruto do exercício.
> - O registro contábil do desconto incondicional concedido em uma empresa que adota o sistema de inventário periódico é semelhante ao apresentado nesta seção.

4.7.4 Juros embutidos nas vendas a prazo

Conforme explicitado na Seção 4.5.5, ao se contabilizar uma venda efetuada para recebimento a longo prazo (ou mesmo para recebimento a curto prazo, porém com efeitos relevantes para o patrimônio), deve-se expurgar do montante da referida venda o valor dos juros cobrados do cliente.

Para fins de aplicação dessa regra, deve-se considerar as taxas de juros praticadas no mercado, ainda que o vendedor utilize, em benefício do seu cliente, taxas menores que as usuais.

Suponhamos o seguinte fato ocorrido em uma empresa industrial: venda de produtos, a prazo, no valor de R$ 5.000, para a cliente Ana Claudia, conforme Nota Fiscal nº 32.

Considere que os juros embutidos na operação foram de R$ 300 e que a venda será recebida em 20 parcelas mensais iguais de R$ 250.

Veja como o fato será contabilizado, considerando-se ainda que a empresa adota o sistema de inventário periódico:

Clientes (ou Duplicatas a Receber)
Ana Claudia
a Diversos
    Venda conf. NF nº 32 etc., como segue:
a Ajuste a Valor Presente (Receita Financeira a Vencer)
    Juros embutidos na operação etc. 300
a Vendas de Produtos
    Valor líquido etc. 4.700 5.000
_____ _____

A conta Ajuste a Valor Presente, agora, é redutora da conta Clientes. Essa conta, que representa receitas de juros antecipados, poderia receber a intitulação de Receitas Financeiras a Transcorrer, Juros Ativos a Vencer etc.

Veja como ficarão no Balanço:

ATIVO CIRCULANTE
Clientes   5.000
(–) Ajuste a Valor Presente   (300)
Saldo   4.700

- Por ocasião do recebimento de cada parcela, a empresa deverá providenciar dois lançamentos no livro Diário:

  a) um para registrar o valor bruto da parcela recebida do cliente, mediante débito na conta Caixa e crédito na conta Clientes;

  b) outro para apropriar como receita o valor dos juros relativos à parcela recebida, mediante débito na conta Ajustes a Valor Presente ou Juros Ativos a Transcorrer e crédito na conta Juros Ativos.

Atividades Teóricas

1. **Responda:**
   1.1 Cite os principais fatos que alteram os valores das compras.
   1.2 Como serão tratados os gastos com fretes e seguros sobre compras em uma empresa que adota o sistema de inventário permanente?
   1.3 Como serão tratados os gastos com fretes e seguros sobre compras em uma empresa que adota o sistema de inventário periódico?
   1.4 Uma empresa industrial adquiriu de um mesmo fornecedor matérias-primas, materiais secundários e materiais de embalagem, tendo pago pela compra o total de $ 1.100. Desse montante, $ 100 correspondem a despesas com frete. Sabendo-se que os três materiais serão aplicados em vários tipos de produtos e que o valor do frete foi cobrado em função do peso para todos eles, como a empresa fará para atribuir o valor dos fretes para cada um desses produtos?
   1.5 Quando houver devoluções de vendas com restituição da importância em dinheiro ao cliente, como o fato será contabilizado em uma empresa que adota o sistema de inventário permanente?
   1.6 Como devem ser tratados os juros embutidos nas compras de materiais efetuadas a prazo?
   1.7 Como devem ser tratados os juros embutidos nas vendas de produtos efetuadas a prazo?

2. **Classifique as afirmativas em falsas (F) ou verdadeiras (V):**

   2.1 ( ) Se o sistema adotado pela empresa for inventário periódico, os materiais adquiridos deverão ser contabilizados em contas de estoque; se for inventário permanente, deverão ser contabilizados em contas de resultado.

   2.2 ( ) Uma empresa adquiriu matéria-prima por $ 500, tendo pago também $ 50 a título de fretes e seguros. Como a empresa adota o sistema de inventário permanente, contabilizou nos estoques a importância de $ 500.

   2.3 ( ) As empresas industriais que adotam o sistema de inventário periódico deverão lançar os gastos com fretes e seguros em contas do grupo das despesas administrativas.

   2.4 ( ) Abatimento sobre compras não é o mesmo que descontos sobre compras, embora ambos sejam redutores do custo das compras.

   2.5 ( ) Os descontos incondicionais obtidos são considerados como descontos comerciais.

   2.6 ( ) Como a característica do sistema de inventário permanente consiste em possibilitar o controle instantâneo dos estoques a cada compra e a cada venda, sempre que ocorrer vendas ou devoluções de vendas, será preciso saber o valor do custo dos produtos que estão sendo vendidos ou recebidos em devolução, para que se possa baixar ou integrar novamente o respectivo custo aos estoques.

3. **Escolha a alternativa correta:**

   3.1 O custo das compras de materiais:

   a) corresponde ao valor pago ao fornecedor.

   b) sofre influência das despesas acessórias.

   c) sofre influência das despesas acessórias (fretes, seguros etc.), dos descontos ou abatimentos incondicionais e dos Tributos incidentes sobre as compras.

   d) sofre influência apenas do ICMS e do IPI.

   e) Todas as alternativas estão incorretas.

   3.2 Nas devoluções parciais de compras, como a empresa deverá agir?

   a) Dará baixa nos estoques pelo valor dos materiais devolvidos se adotar o sistema de inventário periódico.

   b) Creditará a conta Compras Anuladas se adotar o sistema de inventário permanente.

   c) Creditará os estoques pelo valor dos materiais adicionado do valor de fretes se houve esse gasto na compra.

   d) Creditará os estoques pelo valor dos materiais devolvidos, mantendo as despesas acessórias nos estoques, se estas incidiram na compra e se a empresa adotar o sistema de inventário permanente.

   e) Todas as alternativas estão incorretas.

   3.3 Os fatos relativos a vendas anuladas, descontos incondicionais obtidos e abatimentos sobre compras em uma empresa que adota o sistema de inventário permanente:

   a) serão contabilizados em contas distintas.

   b) não serão excluídos do custo dos estoques.

   c) serão excluídos do custo das compras, porém lançados em contas de despesas operacionais normais.

   d) não precisarão ser contabilizados, pois a contabilização é dispensada.

   e) Todas as alternativas estão incorretas.

Capítulo 4 · Materiais

3.4 As vendas de produtos:

a) poderão ser reduzidas em função de fatos como vendas canceladas, descontos incondicionais concedidos etc.

b) serão contabilizadas sem que sejam dadas baixas nos estoques, se a empresa adotar o sistema de inventário periódico.

c) serão registradas por meio de dois lançamentos no Diário, se a empresa adotar o sistema de inventário permanente.

d) não precisarão embutir o valor dos descontos incondicionais concedidos, se a empresa adotar o sistema de inventário permanente.

e) Todas as alternativas estão corretas.

3.5 Em uma empresa que adota o sistema de inventário permanente:

a) quando ocorrer devoluções de vendas, será necessário baixar o custo da respectiva operação, nos estoques.

b) quando for concedido desconto incondicional, a contabilização desse desconto será desnecessária.

c) se houver abatimentos no preço de venda, esse fato será contabilizado a débito de conta própria, porém não será dada baixa no estoque por esse valor.

d) por esse sistema a empresa não poderá conceder descontos incondicionais aos seus clientes.

e) Somente a alternativa "d" está incorreta.

CAPÍTULO 5

INVENTÁRIO DE MATERIAIS

5.1 Introdução

No final de cada exercício social ou no final de cada período de apuração dos resultados, as empresas devem elaborar inventários de todos os materiais existentes em estoque para possibilitar o conhecimento dos resultados e a elaboração das Demonstrações Contábeis.

O inventário é elaborado mediante a contagem física dos materiais e deve ser transcrito em um livro próprio denominado Registro de Inventários.

Nesse livro, deverão ser arrolados, com especificações que facilitem sua identificação, as mercadorias, os produtos manufaturados, as matérias-primas, os produtos em fabricação (elaboração) e os produtos em almoxarifado existentes na data do Balanço Patrimonial.

Deverão ser arrolados também no livro Registro de Inventários os bens de propriedade da empresa que estiverem fora de seus estabelecimentos, em poder de terceiros, sejam em consignação ou para receber algum tipo de tratamento.

Os inventários de matérias-primas e dos demais materiais que serão aplicados no processo de fabricação, além do inventário dos produtos em elaboração, são indispensáveis para que a empresa industrial possa apurar o custo de fabricação dos seus produtos. Já o estoque dos produtos acabados constitui importante dado para o conhecimento dos Custos dos Produtos Vendidos.

Neste capítulo, você conhecerá os critérios existentes para avaliar os estoques de materiais em uma empresa industrial.

Para facilitar a compreensão, vamos agrupar os estoques de materiais em três categorias:

a) **Estoque de materiais adquiridos pela empresa industrial:** compreendem os materiais destinados ao processo de fabricação (matérias-primas, materiais secundários, materiais auxiliares e materiais de embalagem), destinados à venda (mercadorias) e destinados ao consumo (materiais de informática, de expediente ou escritório, de higiene e limpeza, de manutenção etc.).

b) **Estoque de produtos acabados:** compreendem os produtos fabricados pela empresa industrial.

c) **Estoque de Produtos em Elaboração:** compreendem os produtos cujos processos de fabricação ainda não foram concluídos.

5.2 Critérios de Avaliação dos Estoques de Bens Adquiridos

5.2.1 Introdução

As empresas industriais adquirem materiais para serem aplicados no processo de fabricação, para consumo e, em alguns casos, para revenda.

Neste capítulo, estudaremos os principais critérios que podem ser utilizados para avaliação dos materiais adquiridos e mantidos em estoque pelas empresas industriais.

O custo desses materiais é determinado com base no valor de aquisição constante nas Notas Fiscais de compras, acrescido das despesas acessórias (fretes e seguros etc.) e dos tributos considerados não recuperáveis, isto é, aqueles que, embora tenham incidido nas compras de materiais destinados à venda ou a serem aplicados no processo de fabricação, não incidirão nas vendas desses materiais ou dos produtos fabricados.

Não integram, também, o custo de aquisição, os descontos comerciais, os abatimentos, os juros embutidos quando a compra é efetuada a prazo etc.

Considerando que a empresa poderá adquirir o mesmo tipo de material em datas diferentes, pagando por ele preços também diferentes, para determinar o custo desses materiais estocados, bem como o custo dos materiais que forem transferidos para a produção ou para o consumo nas diversas áreas da empresa industrial, precisamos adotar algum critério.

Os critérios mais conhecidos para a avaliação dos estoques são Custo Específico, PEPS, UEPS, Custo Médio Ponderado Móvel, Custo Médio Ponderado Fixo e Preço de Venda subtraída a Margem de Lucro.

5.2.2 Critério do Custo (ou Preço) Específico

O critério de avaliação dos estoques denominado Custo (ou Preço) Específico consiste em atribuir a cada unidade do estoque o preço efetivamente pago por ela. É um critério que só pode ser utilizado para bens de fácil identificação física, como imóveis para revenda, veículos etc.

Esse critério pode ser adotado também para atribuir custos aos materiais aplicados na produção, nos casos em que a empresa industrial efetua uma determinada compra para aplicação direta no processo produtivo, sem que os materiais passem pelo almoxarifado.

Nesse caso, se o material for adquirido especificamente para ser usado na fabricação de um determinado produto, por meio de uma ordem de produção, o custo desse material será o valor pago na sua aquisição, sem outras complicações.

5.2.3 Critério PEPS

A sigla PEPS significa *Primeiro que Entra, Primeiro que Sai*, também conhecida por FIFO (*First In, First Out*, em inglês).

Ao adotar esse critério para avaliar os estoques, a empresa sempre atribuirá aos materiais em estoque os custos mais recentes.

Observe os fatos ocorridos na Indústria de Produtos Alimentícios Saraievo S/A durante o mês de setembro de X7:

1. No dia 2/9 foram adquiridas 100 sacas de trigo (60 kg cada) do fornecedor Brasília S/A, conforme Nota Fiscal nº 5.321, à vista, no valor de $ 10.000.
   Da Nota Fiscal, constaram ainda:
   - Fretes e Seguros: $ 840.
   - Tributos recuperáveis incidentes sobre a compra: $ 3.843.

2. No dia 5/09, foram transferidas para produção, conforme Requisição nº 001, 60 sacas de trigo.

3. No dia 10/09, foram adquiridas, do mesmo fornecedor, à vista, 50 sacas de trigo no valor de $ 6.080, conforme Nota Fiscal nº 6.001. Da NF, constaram ainda:
   - Fretes e Seguros: $ 420.
   - Tributos recuperáveis: $ 2.306.

Capítulo 5 · Inventário de Materiais

4. No dia 15/09, ocorreu nova compra, do mesmo fornecedor, à vista, de 100 sacas de trigo, conforme NF nº 5.110, no valor de $ 15.000, com tributos recuperáveis no montante de $ 5.437.

5. No dia 28/09, foram devolvidas ao fornecedor Moinho Redenção S/A 10 sacas de trigo, conforme Nota Fiscal nº 521, no valor de $ 1.500, com tributos incidentes no montante de $ 543,70. Foi paga a uma empresa transportadora a importância de $ 60 correspondente ao frete pelo transporte das 10 sacas devolvidas.

notas

- Para determinar o valor das 10 sacas a serem devolvidas, devemos considerar o custo realmente pago por elas. Se, porventura, em um determinado período a empresa tenha efetuado várias compras e pago preços diferentes para um mesmo tipo de material e, em seguida, decidir devolver parte desse material, é necessário identificar o custo que foi realmente pago pelas unidades que foram devolvidas. Com base no exemplo anterior, vamos considerar que a devolução se refere à matéria-prima adquirida no dia 15/9.

- Lembramos que o valor do frete pago no transporte das sacas devolvidas deve ser considerado despesa normal da empresa, não influindo no custo das unidades remanescentes em estoque.

- Se, porventura, na operação original de compra tivesse ocorrido gasto com fretes, haveria necessidade de se recalcular o custo das 90 unidades remanescentes. Isso é necessário porque o frete incidente no momento da compra deve ser pago pela empresa compradora.

6. No dia 29/09 foram transferidas para a produção, conforme Requisição nº 002, 160 sacas de trigo.

7. No dia 30/09, o almoxarifado que controla os estoques recebeu, em devolução do setor de produção, 10 sacas de trigo.

Agora, analise as três fichas de estoques a seguir e observe o comentário sobre o critério Preço Médio Ponderado Fixo, para verificar:

- o custo atribuído à matéria-prima adquirida;
- o custo atribuído à matéria-prima transferida para a produção;
- o custo atribuído à matéria-prima constante dos estoques remanescentes.

Veja, agora, as sete operações apresentadas na respectiva ficha de controle de estoque, adotando o critério PEPS.

Noções de Custo

Mercadoria: Sacas de Trigo (60 kg)
Método de Controle: PEPS

Data	Histórico	Entradas			Saídas			Saldo		
		Quant.	Custo Unit.	Custo Total	Quant.	Custo Unit.	Custo Total	Quant.	Custo Unit.	Custo Total
02/09/X7	NF nº 5.231 de Brasília S/A	100	79,97	7.997	—	—	—	100	79,97	7.997
05/09/X7	Requisição nº 001	—	—	—	60	79,97	4.798,20	40	79,97	3.198,80
10/09/X7	NF nº 6.001 de Brasília S/A	50	95,88	4.794				40	79,97	3.198,80
					—	—	—	50	95,88	4.794
								90		7.992,80
15/09/X7	NF nº 6.110 de Brasília S/A	100	110,63	11.063				40	79,93	3.198,80
								50	95,88	4.794
					—	—	—	100	110,63	110,63
								190		19.055,80
28/09/X7	NF nº 521	(10)	110,63	(1.106,30)				40	79,93	3.198,80
								50	95,88	4.794
					—	—	—	90	110,63	9.956,70
								180		17.949,50
29/09/X7	Requisição nº 002				40	79,93	3.198,80			
					50	95,88	7.794			
		—	—	—	70	110,63	7.744,10			
					160		15.736,90	20	110,63	2.212,60
30/09/X7	Devolução de produção	—	—	—	(10)	110,63	(1.106,30)	30	110,63	3.318,90
	TOTAIS	240		22.747,70	210		19.428,80	30	110,63	3.318,90

Observações

▸ Na coluna de Saldo, ficam evidenciadas as quantidades estocadas e devidamente separadas ou identificadas pelos respectivos custos de aquisição. A cada requisição feita pela área de produção, dá-se a baixa a partir dos custos mais antigos (no caso, pelos menores custos). Por meio dessa ficha, as quantidades estocadas são controladas sempre pelos custos mais recentes. Por isso, esse critério é denominado de *primeiro que entra, primeiro que sai*.

▸ Observe que as devoluções de compras aos fornecedores são escrituradas negativamente entre parênteses na coluna de Entradas. Já as devoluções de vendas recebidas de clientes ou as devoluções recebidas da produção são escrituradas negativamente entre parênteses na coluna de Saídas. Assim, a soma da coluna de Entradas corresponderá efetivamente ao valor das compras líquidas; a soma da coluna de Saídas corresponderá efetivamente ao custo das mercadorias vendidas ou ao custo dos materiais transferidos para a produção, ou seja, ao valor das saídas líquidas.

▸ As devoluções de vendas ou as devoluções recebidas da produção deverão ser lançadas com os mesmos valores das respectivas saídas correspondentes aos materiais que estiverem retornando aos estoques.

▸ Os gastos eventuais, na devolução de compras e na devolução de vendas (fretes, seguros etc.), devem ser tratados como Despesas Operacionais (e não como Custos).

▸ Quando o cálculo do custo unitário da compra não for exato, usa-se um valor aproximado. Nesse caso, considera-se na coluna de Saldos o valor unitário aproximado e o valor total correto, conforme a entrada, embora a multiplicação das quantidades pelo valor unitário aproximado não coincida com o valor total indicado. Na primeira saída referente às respectivas unidades, ajusta-se para que o estoque fique correto. Veja esse procedimento nas três fichas (PEPS, UEPS e CMPM), nos lançamentos relativos às operações dos dias 10, 15 e 29 de setembro.

Capítulo 5 • Inventário de Materiais

5.2.4 Critério UEPS

A sigla UEPS significa *Último que Entra, Primeiro que Sai*. É também conhecida por LIFO (*Last In, First Out*, em inglês). Ao adotar esse critério para avaliar os estoques, a empresa sempre vai calcular os materiais em estoque com base nos custos mais antigos.

Veja, na ficha de controle de estoque a seguir, as sete operações apresentadas na Seção 5.2.3.

		Mercadoria: Sacas de Trigo (60 kg) Método de Controle: UEPS								
		Entradas			Saídas			Saldo		
Data	Histórico	Quant.	Custo Unit.	Custo Total	Quant.	Custo Unit.	Custo Total	Quant.	Custo Unit.	Custo Total
02/09/X7	NF nº 5.231 de Brasília S/A	100	79,97	7.997	—	—	—	100	79,97	7.997
05/09/X7	Requisição nº 001	—	—	—	60	79,97	4.798,20	40	79,97	3.198,80
10/09/X7	NF nº 6.001 de Brasília S/A	50	95,88	4.794				40	79,97	3.198,80
					—	—	—	50	95,88	4.794
								90		7.992,80
15/09/X7	NF nº 6.110 de Brasília S/A	100	110,63	11.063				40	79,93	3.198,80
								50	95,88	4.794
					—	—	—	100	110,63	110,63
								190		19.055,80
28/09/X7	NF nº 521	(10)	110,63	(11.630)				40	79,97	3.198,80
								50	95,88	4.794
					—	—	—	90	110,63	9.956,70
								180		17.949,50
29/09/X7	Requisição nº 002				90	110,63	9.956,70			
					50	95,88	7.794			
		—	—	—	20	79,97	1.599,40			
					160		16.350,10	20	79,97	1.590,40
30/09/X7	Devolução de produção	—	—	—	(10)	79,97	(799,70)	30	79,97	2.399,10
	TOTAIS	240		22.747,70	210		20.348,60	30	79,97	2.399,10

Note que, na coluna de Saldo, são controladas as quantidades com seus respectivos custos de aquisição. A transferência para a produção é sempre feita pelo custo das últimas aquisições, guardadas as devidas proporções em relação às quantidades adquiridas e seus respectivos custos.

5.2.5 Critério do Custo (ou Preço) Médio Ponderado Móvel

Adotando este critério, os materiais estocados serão sempre avaliados pela média dos custos de aquisição, sendo esses custos atualizados após cada compra efetuada.

Esse critério é denominado de Custo (ou Preço) Médio Ponderado Móvel, pois, toda vez que for realizada uma compra cujo custo unitário é diferente dos que constam do estoque, haverá modificação do custo médio.

Mercadoria: Sacas de Trigo (60 kg) Método de Controle: CMPM										
		Entradas			Saídas			Saldo		
Data	Histórico	Quant.	Custo Unit.	Custo Total	Quant.	Custo Unit.	Custo Total	Quant.	Custo Unit.	Custo Total
02/09/X7	NF nº 5.231 de Brasília S/A	100	79,97	7.997	—	—	—	100	79,97	7.997
05/09/X7	Requisição nº 001	—	—	—	60	79,97	4.798,20	40	79,97	3.198,80
10/09/X7	NF nº 6.001 de Brasília S/A	50	95,88	4.794	—	—	—	90	88,80	7.992,80
15/09/X7	NF nº 6.110 de Brasília S/A	100	110,63	11.063	—	—	—	190	100,29	19.055,80
28/09/X7	NF nº 521	(10)	110,63	(1.106,30)	—	—	—	180	99,71	17.949,50
29/09/X7	Requisição nº 002	—	—	—	160	99,71	15.955,30	20	99,71	1.994,20
30/09/X7	Devolução de produção	—	—	—	(10)	99,71	(997,10)	30	99,71	2.991,30
	TOTAIS	240		22.747,70	210		19.756,40	30	99,71	2.991,30

* Suprimimos as casas decimais somente para fins didáticos. É aconselhável adotar o valor mais próximo possível do real, ajustando as diferenças de centavos na saída seguinte, para que o valor unitário do estoque remanescente após esta saída, multiplicado pela quantidade existente, resulte em valor exato.

A coluna destinada ao Saldo indicará sempre as quantidades em estoque com seus respectivos custos médios, isto é, atualizados sempre em função da última compra.

Para se obter o Custo Médio Ponderado Móvel das unidades estocadas, após efetuada nova compra com custo unitário diferente do custo unitário do estoque, procede-se da seguinte forma:

- somam-se as quantidades estocadas com as quantidades da nova compra;
- somam-se o valor total do estoque antes da nova compra com o valor total da nova compra;
- em seguida, divide-se o total obtido na soma dos valores pelo total obtido na soma das quantidades. Tem-se, assim, o novo Custo Médio Ponderado Móvel das quantidades em estoque.

Quando houver uma nova entrada e o cálculo do Custo Médio Ponderado Móvel unitário não for exato, usa-se um valor aproximado com o maior número possível de casas decimais. Nesse caso, na coluna de Saldos, o valor unitário será aproximado e o valor total será correto, embora a multiplicação das quantidades pelo valor unitário aproximado não coincida com o valor total indicado. Na primeira saída, ajusta-se para que o estoque fique correto.

5.2.6 Critério do Custo (ou Preço) Médio Ponderado Fixo

Com base nesse critério, os materiais estocados serão avaliados somente no final do período (normalmente no final do ano), com base na média dos custos dos materiais disponíveis para venda ou para uso durante todo o período. Esse critério consiste, portanto, no custo médio dos materiais disponíveis para venda ou para uso, apurado uma só vez no final do período.

Enquanto o Custo Médio Ponderado Móvel é atualizado em todas as compras durante o exercício, o Custo Médio Ponderado Fixo é apurado uma única vez no final do exercício, após a última compra, requisição ou venda tiverem sido efetuadas. Para obtê-lo, basta dividir o custo total dos materiais disponíveis para venda, aplicação no processo de produção ou para uso pela quantidade total desses mesmos materiais.

Capítulo 5 • Inventário de Materiais

O custo total dos materiais disponíveis para venda, aplicação no processo de fabricação ou uso é obtido somando-se o custo do Estoque Inicial com o custo das Compras Líquidas Realizadas durante o período.

Convém ressaltar que o custo total das Compras Líquidas compreende o custo total das compras somando ou diminuindo os valores daquilo que altera os valores de compras.

O critério do Custo Médio Ponderado Fixo somente pode ser adotado por empresas que utilizam o sistema de inventário periódico, uma vez que só é possível a sua apuração no final do exercício.

O valor obtido por meio da Média Ponderada Fixa será atribuído a:

- todas as unidades de materiais existentes em estoque no último dia do período;
- todas as unidades de materiais que foram vendidas ou aplicadas no processo de fabricação durante o ano, independentemente das datas em que ocorreram as vendas ou requisições.

Aproveitando os mesmos dados utilizados para ilustrar os critérios anteriormente comentados, veja como ficarão os cálculos:

a) Cálculo do Custo Médio Ponderado Fixo

$$\text{Fórmula: } \frac{\text{Custo total dos materiais disponíveis para venda ou para uso}}{\text{Quantidades totais dos materiais disponíveis para venda ou para uso}}$$

Note que, no exemplo anterior, não havia estoque inicial. Portanto, o custo total, assim como as quantidades de materiais disponíveis para venda, para aplicar no processo de produção ou para uso,[1] correspondem ao total das compras líquidas. Esses valores foram $ 22.747,70 e $ 240, respectivamente (estão evidenciados nas três fichas apresentadas).

Veja a seguir como fica o cálculo:

$$\frac{\$\,22.747,70}{240} = \$\,94,78$$

b) Atribuição do custo ao estoque final

$$\text{Fórmula: } \frac{\text{Unidades de materiais existentes em estoque no final do período}}{\text{Custo Médio Ponderado Fixo}}$$

Teremos:

$$30 \times \$\,94,78 = \$\,2.843,40$$

---

[1] Neste capítulo, a expressão *custos dos materiais que estiveram disponíveis para uso* está sendo utilizada para representar o custo dos materiais que estiveram disponíveis para serem aplicados no processo de fabricação ou para consumo.

c) Cálculo do custo dos materiais transferidos para produção

> Fórmula: Custo total dos materiais disponíveis para uso – Custo do estoque final

Teremos:

> $ 22.747,70 – $ 2.843,80 = $ 19.904,30

Veja, a seguir, um resumo elaborado com dados obtidos pela aplicação dos critérios PEPS, UEPS, Custo Médio Ponderado Móvel (CMPM) e Custo Médio Ponderado Fixo (CMPF):

RESUMO			
CRITÉRIO	ENTRADAS	SAÍDAS	SALDO
PEPS	22.747,710	19.428,80	3.318,90
UEPS	22.747,70	20.348,60	2.399,10
CMPM	22.747,70	19.756,40	2.991,80
CMPF	22.747,70	19.904,30	2.843,40

Note que a escolha do critério tem interferência direta no Custo de Produção e no valor do estoque final.

Nos quatro critérios analisados anteriormente, os valores atribuídos ao Custo de Produção (transferências) e ao estoque final foram diferentes.

Então, qual dos critérios deve ser utilizado? É o que veremos a seguir.

5.2.7 Qual dos critérios deve ser utilizado?

Quando a economia de um país está equilibrada e os preços são estáveis, qualquer critério adotado para avaliação dos estoques não interferirá nos resultados. Entretanto, quando há oscilações de preços em decorrência de inflação ou deflação, a escolha do critério constituirá fator decisivo na determinação dos resultados da empresa.

É importante destacar que as normas internacionais de contabilidade não contemplam os critérios de avaliação de estoques UEPS e Custo Médio Ponderado Fixo, exatamente porque esses critérios distorcem os resultados. A adoção do critério UEPS, por exemplo, resulta em estoques subavaliados, em custos dos produtos vendidos superavaliados e lucros abaixo da realidade.

Restam, portanto, os critérios PEPS e Custo Médio Ponderado Móvel por serem aceitos pelas normas internacionais de contabilidade e porque não ferem interesses do fisco.

Nos casos de inflação, ainda que em índices baixos, a adoção do critério Custo Médio Ponderado Móvel espelha a melhor realidade no valor dos estoques, nos custos dos produtos vendidos e nos lucros. Esse critério pode ser a melhor opção, desde que os prazos de rotação dos estoques não causem desequilíbrio nos resultados alcançados.

A empresa poderá, para fins de controle interno, adotar o critério que melhor atenda aos seus interesses. Se adotar o critério PEPS ou o Custo Médio Ponderado Móvel, não enfrentará problemas com o fisco e estará de acordo com as normas internacionais de contabilidade. É importante destacar, ainda, que tanto o fisco como as normas internacionais de contabilidade admitem a avaliação de estoques com base no preço de venda, subtraída a margem de lucro, conforme veremos na Seção 5.2.9.

Convém salientar ainda que, no momento da elaboração do Balanço Patrimonial, as empresas em geral devem aplicar a regra *custo ou valor justo* (valor de mercado). Entre os dois, deve-se selecionar o mais baixo para mensurar os seus estoques, conforme veremos na Seção 5.4.

Diante do que foi exposto, podemos concluir que, para atribuir custos aos materiais adquiridos de terceiros e estoques levantados por meio de inventários realizados no final de um período, a empresa tem dois caminhos:

a) se adotar o sistema de Inventário Permanente, bastará coletar os custos nas respectivas fichas de controle de estoque de cada material. Nesse caso, os estoques serão avaliados pelo critério escolhido pela empresa, exceto UEPS e Custo Médio Ponderado Fixo;

b) se adotar o sistema de Inventário Periódico, a solução será atribuir custos aos materiais, com base nas últimas Notas Fiscais de compras (critério PEPS). Veja um exemplo a seguir.

Suponhamos que a empresa Industrial Lisboa S/A tenha em estoque, no final do ano, 30 unidades de determinada matéria-prima. Como essa empresa trabalha com Inventário Periódico, deverá verificar os custos constantes das últimas Notas Fiscais de compras para avaliar essas unidades de materiais.

Considere que, na última Nota Fiscal de compra da referida matéria-prima, datada de 18 de dezembro, conste aquisição de 20 unidades, a $ 10 cada, já devidamente excluídos os tributos recuperáveis e acrescidas as despesas acessórias. Como existem 30 unidades em estoque, há necessidade de recorrer à penúltima compra, cuja nota fiscal é de 20 de outubro, com preço unitário de $ 6.

Assim, as 30 unidades de matérias-primas serão avaliadas da seguinte forma:

- 20 unidades a $ 10 = $ 200.
- 10 unidades a $ 6 = $ 60.
- Total = $ 260.

5.2.8 Contabilização dos estoques

A contabilização dos estoques finais de materiais depende do sistema adotado pela empresa para controle. Se o sistema adotado for o de Inventário Periódico, basta debitar uma conta que represente o respectivo estoque e creditar uma conta que represente despesa ou custo de produção do período.

Se o sistema utilizado pela empresa para controlar os estoques for o de Inventário Permanente, o valor do estoque final dos materiais não precisará ser contabilizado. Nesse sistema, os estoques são atualizados constantemente na contabilidade, sempre que ocorrer uma compra ou uma requisição de materiais. Nesse caso, se houver divergências entre o estoque físico e o estoque contábil, seja para mais ou para menos, os ajustes deverão ser contabilizados.

Veja orientações na Seção 5.6.

5.2.9 Critério do Preço de Venda Diminuído da Margem de Lucro

A avaliação de estoques pelo critério do Preço de Venda diminuído da Margem de Lucro, também conhecida por critério ou método de varejo, está prevista nas normas internacionais de Contabilidade. É uma opção para ser adotada nos casos em que não seja viável a aplicação de outros critérios de custeio.

Esse critério, muitas vezes usado no setor de varejo para mensurar estoques de grande quantidade de itens que tem alta rotatividade, consiste na obtenção do custo de produção ou aquisição, subtraindo-se a margem de lucro do preço de venda.

Nesse caso, a expressão margem de lucro deve ser interpretada como sendo o montante que a empresa adiciona ao custo de fabricação ou de aquisição para compor o preço de venda.

Tecnicamente, esse montante é conhecido por *Markup*, palavra de origem inglesa que pode ser traduzida exatamente como sendo a diferença entre o custo total de produção ou de aquisição e o preço de venda de um bem.

As empresas que trabalham com grande variedade de mercadorias (por exemplo, os supermercados e as lojas de departamentos), em decorrência do grande número de notas fiscais de entrada e da permanência de itens semelhantes em vários pontos de venda, preferem, para fins gerenciais, controlar seus estoques com base nos preços de venda.

Atividades Práticas

Vamos assumir que determinada unidade de mercadoria adquirida por $ 120 tenha seu preço de venda fixado em $ 208,80 em decorrência dos seguintes encargos e lucro almejado baseados no próprio preço de venda:

- Tributos: 22,00%
- Comissões a vendedores: 3,00%
- Outras despesas: 8,00%
- Lucro almejado: 9,50%
- Total: 42,50%

O preço de venda pode ser obtido mediante a aplicação de um índice sobre o custo de aquisição. Esse índice ou coeficiente, denominado tecnicamente de *Markup* Multiplicador, será calculado como a seguir:

a) Soma-se tudo o que se pretende cobrar no preço de venda, exceto o próprio custo de fabricação ou de aquisição. Os itens que serão incluídos no preço de venda devem ser apresentados em percentuais em relação ao próprio preço de venda.

No cálculo apresentado anteriormente, obtivemos o montante de 42,50%. Como o preço de venda que resulta da soma do custo + tudo aquilo que a empresa desejar a ele adicionar será de 100%, concluímos que o custo de aquisição de $ 120 representará 57,50% do referido preço de venda.

b) Em seguida, basta dividir 100% pela porcentagem do preço de venda correspondente ao custo de aquisição ou produção para se obter o índice:

$$100,00\%/57,5\% = 1,74.$$

c) Cálculo do preço de venda:
Basta, agora, multiplicar o preço de custo pelo índice encontrado no item "b". Veja:

$$\$\ 120,00 \times 1,74 = \$\ 208,80.$$

Assim, durante o exercício social, para todas as mercadorias cujos encargos adicionados ao lucro pretendido corresponda a 42,50% do preço de venda, bastará multiplicar o custo pelo coeficiente 1,74 para se obter o preço de venda.

No final do período, é preciso verificar o estoque das mercadorias e fazer uma avaliação do preço de venda. Assim, para conhecer os custos de aquisição, basta fazer o cálculo inverso, ou seja, dividir o preço de venda pelo mesmo coeficiente que serviu para o cálculo do referido preço.

Para obter o custo de aquisição da mesma unidade de mercadoria do exemplo anterior, no qual o preço de venda foi fixado em $ 208,80 e o coeficiente aplicado foi igual a 1,74, faremos: $ 208,80/1,74 = $ 120.

A adoção desse método requer cuidados especiais, como o cálculo de índice específico para cada grupo de mercadorias que apresentem despesas a serem recuperadas e margem de lucro desejada iguais; acompanhamento e inclusão das remarcações de preços que podem promover a troca de produtos de um para outro grupo etc.

Portanto, esse critério deve ser utilizado apenas nos casos em que a relação custo-benefício aponte pela inviabilidade de adoção dos critérios tradicionais.

Atividades Teóricas

1. **Responda:**
    1.1 Qual é a finalidade dos inventários de materiais?
    1.2 Quais materiais devem ser relacionados no livro Registro de Inventários?
    1.3 Quais são os critérios que podem ser utilizados para avaliação dos estoques?
    1.4 Quando ocorre compra com custo unitário diferente do existente em estoque, como proceder para manter o custo médio ponderado móvel nos estoques?
    1.5 Quando a economia do país estiver estável, qual o melhor critério para se avaliar os estoques?
    1.6 PEPS, UEPS e Custo Médio Ponderado Móvel. Dentre os critérios citados, qual atribui aos estoques os custos mais antigos?

1.7 Qual critério a empresa industrial que adotar o sistema de inventário periódico deverá utilizar para avaliar seus estoques no final do ano?

1.8 Que tipos de empresas utilizam o critério do preço de venda diminuído da margem de lucro para avaliar seus estoques?

1.9 O que significa a expressão *margem de lucro*?

1.10 Uma empresa adquiriu para revenda 100 unidades de uma determinada mercadoria, tendo pago por elas a importância de $ 2.000. Considerando que a soma dos encargos com tributos e despesas necessárias à venda, adicionado ainda a margem de lucro desejada atingirão 60% do preço de venda, qual será o valor a ser atribuído a essas mercadorias para fins de estocagem, tendo em vista que a empresa costuma controlar seus estoques pelo preço de venda?

2. Classifique as afirmativas em falsas (F) ou verdadeiras (V):

2.1 ( ) Os inventários de materiais devem ser escriturados no livro denominado Registro de Inventários.

2.2 ( ) O critério PEPS consiste em atribuir a cada unidade do estoque o preço efetivamente pago por ela.

2.3 ( ) O critério do Custo Específico consiste em atribuir às unidades em estoque os custos mais recentes.

2.4 ( ) O critério UEPS consiste em atribuir às unidades em estoque uma média dos custos de aquisição.

2.5 ( ) As devoluções de compras deverão ser lançadas nas fichas de controle de estoques na coluna das entradas, negativamente, entre parênteses.

2.6 ( ) As devoluções recebidas das diversas áreas da empresa ou de clientes deverão ser lançadas nas fichas de controle de estoques, negativamente na coluna das saídas, entre parênteses.

2.7 ( ) O critério UEPS consiste em atribuir às unidades em estoque os custos mais antigos.

2.8 ( ) Pelo critério do Custo Médio Ponderado Fixo, só é possível conhecer o custo dos estoques no final do período.

2.9 ( ) O critério do preço de venda subtraído da margem de lucro somente deve ser aplicado quando for inviável a aplicação do critério custo médio ou do critério PEPS.

3. Escolha a alternativa correta:

3.1 Para devolver ao fornecedor parte da compra de matérias-primas efetuadas, a Indústria Estocolmo Ltda. pagou a importância de $ 2.000 em fretes. Esse gasto com fretes será considerado:

a) custo de produção.

b) custo da compra.

c) estorno do custo da respectiva compra.

d) despesa operacional.

e) direito junto ao fornecedor.

3.2 O critério de avaliação dos estoques influi:
   a) no valor do estoque final de materiais.
   b) no valor do custo dos produtos fabricados.
   c) no resultado bruto e, consequentemente, no resultado líquido do período.
   d) nas bases de cálculo para o pagamento do Imposto de Renda e da Contribuição Social sobre o Lucro.
   e) Todas alternativas estão corretas.

3.3 Em relação ao critério do preço de venda diminuído da margem de lucro, é correto afirmar que:
   a) o preço de venda pode ser obtido pela multiplicação de um coeficiente sobre o preço de custo.
   b) o preço de venda será sempre considerado preço de custo.
   c) para se apurar o índice a ser utilizado, basta dividir 100% pelo montante das despesas e da margem de lucro desejada.
   d) o custo de aquisição será obtido pela divisão do preço de venda pelo mesmo coeficiente utilizado por ocasião da apuração do preço de venda.
   e) As alternativas "a" e "d" estão corretas.

Atividades Práticas

Prática 1

Observe os fatos ocorridos em uma empresa industrial durante o mês de março:

1. Em 1/3, havia 50 unidades de matéria-prima com valor unitário de $ 10 em estoque.
2. Em 5/3, foram adquiridas 100 unidades da mesma matéria-prima por $ 15 a unidade.
3. Em 10/3, foram transferidas para produção 70 unidades da matéria-prima.

Considerando-se que, durante o mês, ocorreram somente essas operações, calcule o valor do estoque em 31 de março e o custo das matérias-primas transferidas para a produção utilizando os seguintes critérios:

a) PEPS.
b) UEPS.
c) Custo Médio Ponderado Móvel.
d) Custo Médio Ponderado Fixo.

5.3 Critérios de Avaliação dos Estoques de Produtos Acabados e em Elaboração

Ao final de cada exercício social ou ao final de cada período em que a empresa industrial precisar apurar seus resultados, deverá promover o levantamento e a avaliação dos seus estoques.

Especificamente em relação aos produtos em fabricação e acabados, serão avaliados pelo custo de produção.

Assim, os custos a serem atribuídos aos estoques de produtos acabados e de produtos em elaboração deverão estar fundamentados nos registros contábeis da empresa. Portanto, se for praxe na empresa industrial a estocagem de produtos acabados antes de serem vendidos, e havendo diferenças entre os custos de fabricação atribuídos aos produtos iguais, porém fabricados em períodos diferentes, a empresa poderá adotar para avaliação dos estoques, qualquer um dos critérios já estudados (PEPS, UEPS, Média Ponderada etc.). Entretanto, para fins de apuração dos resultados e elaboração das Demonstrações Contábeis, será preciso adotar o custo médio ou o dos bens adquiridos ou produzidos mais recentemente (PEPS), admitida, ainda, a avaliação com base no preço de venda, subtraída a margem de lucro.

É importante salientar que, nas fabricações sob encomenda, para atribuir custos aos estoques (seja de produtos acabados ou em elaboração), bastará coletar os custos que foram devidamente alocados aos produtos em suas respectivas ordens de produção. Entretanto, quando a produção for contínua (em série), tendo em vista que os custos não são registrados por unidade de produtos, mas por lote, família ou linha de produção, no final de cada período, será preciso segregar os custos incorridos na produção do período entre as unidades acabadas e aquelas que se encontrarem em fase de elaboração.

5.4 Transferências para Produção

As transferências de materiais do almoxarifado para as diversas áreas da empresa industrial são comprovadas por meio das Requisições de Materiais.

As contas a serem debitadas e/ou creditadas por ocasião das transferências de materiais do almoxarifado para a área de produção dependerão do sistema de custeio utilizado pela empresa:

- inventário periódico ou inventário permanente sem departamentalização;
- inventário permanente com departamentalização;
- ABC etc.

EXEMPLO PRÁTICO

Observe a seguinte ocorrência na Indústria de Produtos Alimentícios Saraievo S/A, que adota o sistema de inventário permanente.

Em 29 de setembro, foram transferidas para a produção, conforme Requisição nº 2, matérias-primas no valor de $ 17.960 (vide ficha de controle de estoques, Custo Médio Ponderado Móvel, Seção 5.2.5). Considerando, então, que a empresa adota o sistema de inventário permanente apurando custos por produto e que a matéria-prima requisitada será aplicada no produto A, veja como o fato poderá ser contabilizado no livro Diário:

Capítulo 5 • Inventário de Materiais

> **EXEMPLO PRÁTICO**
>
> CUSTO EM FORMAÇÃO
> Produto A
> Materiais
> a Estoque de Matérias-primas
>   Pela transferência para produção
>   conf. Requisição nº 2.   17.960

5.5 Divergências entre o Estoque Físico e o Contábil

Nas empresas industriais, no final do exercício social (ou do mês), para se apurar o custo dos produtos fabricados e os resultados bruto e líquido do período, devem ser elaborados os inventários de todos os materiais existentes em estoque na referida data.

Os inventários, que são realizados mediante a contagem física dos materiais existentes em estoque, são importantes uma vez que pode haver divergências entre o estoque físico (aquele que realmente existe e foi levantado por meio da contagem) e o estoque contábil (saldo da conta que registra o respectivo estoque, contido no livro Razão).

Quando a empresa adota o sistema de inventário periódico para a apuração de seus resultados, os totais dos materiais existentes em estoque apurados por meio dos inventários físicos serão contabilizados a débito das contas representativas dos respectivos estoques e a crédito da conta Custo dos Produtos Vendidos ou Resultado do Exercício, conforme o material seja classificado como custo ou despesa.

Com esse procedimento, os saldos das contas representativas dos estoques de materiais refletirão os montantes dos estoques finais que figurarão no Balanço Patrimonial de encerramento do período.

Por esse sistema, não ocorrerão divergências, uma vez que não houve controle contábil dos estoques durante o período.

Quando a empresa adota o sistema de inventário permanente, após efetuar os inventários físicos, deverá confrontar os montantes neles encontrados com os saldos das contas que, durante todo o período, registraram os respectivos estoques. Nesse caso, é comum aparecer divergências entre o saldo escriturado na conta que registra o estoque com o valor inventariado.

Essas divergências podem decorrer de simples erro nos registros contábeis, de perdas ou de quebras (conforme explicaremos na Seção 5.6), ou decorrer, ainda, de furtos, desfalques ou desvios.

Quanto às divergências inexpressivas decorrentes de erros nos registros contábeis, a regularização deverá ser feita entre as contas que representam os estoques com divergências e as contas Custo de Produção do Período, Custo em Formação do Produto respectivo, Custo dos Produtos Vendidos ou Resultado do Exercício, conforme o material seja classificado como custo ou despesa.

Quando as diferenças forem expressivas, será necessário apurar as causas que certamente serão estranhas à movimentação normal do patrimônio da empresa.

Nesse caso, quando o inventário físico for superior ao contábil, poderá ter ocorrido finalização de produção sem que se tenha dado entrada nos estoques (em relação aos produtos acabados); poderá ter ocorrido compra de materiais sem o devido registro (no caso de matérias-primas e outros materiais) etc.

Quando o estoque físico for inferior ao contábil, poderá caracterizar vendas sem a emissão de documentação apropriada, furtos, desvios etc.

No caso em que ficar comprovado o furto ou o roubo, por exemplo, a regularização será feita debitando-se uma conta de despesa operacional (poderá ser perdas por divergências de estoques) e a crédito da conta que registra o respectivo estoque. Nesse caso, para dar suporte ao registro contábil, a empresa deverá arquivar os respectivos boletins de ocorrência policial, ou, se ficar comprovada a responsabilidade de empregados, os comprovantes dos inquéritos realizados conforme determinar a legislação trabalhista vigente no país.

5.6 Quebras ou Perdas de Estoque

Os estoques estão sujeitos a perdas ou quebras, que podem variar em função da natureza do bem ou da atividade desenvolvida pela empresa. Elas podem ocorrer na fabricação, no transporte, no manuseio ou na armazenagem.

Existem perdas ou quebras que são consideradas normais ou razoáveis, uma vez que decorrem da própria natureza dos bens. Por exemplo, os bens que sofrem perdas com evaporação, seja no processo de fabricação, transporte ou armazenagem (produtos químicos – petróleo e seus derivados); com produtos que são armazenados por processo de congelamento ou resfriamento e sofrem perda de peso (aves); com produtos que, em decorrência do processo de fabricação, sofrem perdas, como ocorre na indústria de papel e seus derivados (aparas), nas indústrias de confecções (retalhos) etc.

Existem perdas ou quebras de estoques que são consideradas anormais, por serem esporádicas, como aquelas decorrentes de deterioração, obsolescência ou ainda pela ocorrência de riscos (furtos ou outros) não cobertos por seguros.

Em relação às perdas ou quebras normais, tecnicamente devem ser contabilizadas como custo de produção ou como custo das mercadorias ou dos produtos vendidos, interferindo assim no resultado bruto. Contudo, conforme comentamos no Capítulo 4, quando os materiais desperdiçados no processo de fabricação puderem ser comercializados (como ocorre com os retalhos, as aparas de papel etc.), o produto auferido na venda dessas sobras deverá ser abatido do custo de fabricação do período em que as sobras foram geradas.

Em relação às perdas ou quebras de estoques consideradas anormais, o mais correto sob o ponto de vista técnico é contabilizá-las diretamente a débito de uma conta representativa de despesa operacional.

É importante alertar para o fato de que, em relação às perdas ou quebras de estoques consideradas anormais, o fisco do país poderá ter interpretação diferente da qual precisará ser considerada.

Capítulo 5 • Inventário de Materiais

Atividades Teóricas ❷

1. **Responda:**

   1.1 Que tratamento deve ser dado às perdas de materiais que ocorrem normalmente nos processos de fabricação, como em decorrência de evaporação, reações químicas etc.?

   1.2 Qual o tratamento a ser dado aos materiais desperdiçados no processo de fabricação que serão vendidos como subprodutos?

   1.3 Sob o ponto de vista técnico, qual tratamento deve ser dado às perdas consideradas anormais no processo de fabricação?

   1.4 Qual o tratamento a ser dado às diferenças inexpressivas entre o estoque físico e o contábil, quando este for inferior àquele?

   1.5 Havendo diferença expressiva a menor entre o estoque físico e o contábil, como será feita a regularização?

2. **Classifique as afirmativas em falsas (F) ou verdadeiras (V):**

   2.1 ( ) É comum haver divergências entre o saldo escriturado na conta que registra o estoque de produtos acabados com o valor inventariado.

   2.2 ( ) As divergências entre o estoque físico e o contábil podem decorrer de simples erro nos registros contábeis, perdas, quebras ou ainda de furtos, desfalques ou desvios.

   2.3 ( ) Havendo finalizações de produções sem que se tenha dado entrada nos estoques, esse fato causará diferenças a maior nos estoques contabilizados em relação ao físico.

   2.4 ( ) Uma diferença inexpressiva encontrada a maior entre o estoque contábil e o físico será regularizada debitando-se a conta representativa do custo dos produtos vendidos e creditando-se a conta de estoque respectiva.

3. **Escolha a alternativa correta:**

   3.1 Nas empresas que adotam o sistema de inventário periódico, o inventário físico de materiais realizado no final do período:

   a) poderá divergir do saldo existente na Contabilidade.

   b) será avaliado conforme a ficha de estoque correspondente.

   c) por esse sistema, não haverá divergência entre o físico e o contábil, uma vez que não houve controle contábil dos estoques durante o período.

   d) As alternativas "a" e "b" estão corretas.

   e) Todas as alternativas estão incorretas.

   3.2 Para regularizar uma diferença de estoque expressiva entre o estoque físico e o contábil, decorrente de furto não coberto por seguro, a conta a ser debitada no lançamento no Diário será:

   a) custo de produção do período.

   b) estoque de materiais.

   c) despesas financeiras.

   d) quebras de estoque.

   e) perdas por divergência de estoques.

3.3 Caracteriza estoque físico menor que o contábil:

a) a venda sem emissão de documentação apropriada.

b) os desfalques provocados por empregados da empresa.

c) furtos.

d) As alternativas "a", "b" e "c" estão corretas.

e) Todas as alternativas estão incorretas.

CAPÍTULO

6 ▶

MÃO DE OBRA E GASTOS GERAIS DE FABRICAÇÃO

6.1 Mão de Obra

6.1.1 Conceito

Mão de Obra é o gasto com o pessoal que trabalha direta ou indiretamente na fabricação dos produtos.

O custo com mão de obra engloba não só os salários pagos aos empregados, como também os encargos sociais decorrentes da legislação trabalhista e previdenciária, além de todos os demais gastos com o pessoal que direta ou indiretamente trabalha na produção.

Assim, os gastos que normalmente as empresas industriais têm com o pessoal correspondem a: Assistência Médica e Social, Aviso Prévio e Indenizações, Contribuições de Previdência, Contribuições para o FGTS, Décimo Terceiro Salário, Férias, Horas Extras, Lanches e Refeições, Prêmios e Gratificações, Salários, Seguro de Acidentes do Trabalho, Seguro de Vida em Grupo, Vale-Refeição, Vale-Transporte etc.

6.1.2 Classificação

Você já estudou no Capítulo 2 que, em relação aos produtos, a mão de obra pode ser Direta ou Indireta.

6.1.2.1 *Mão de Obra Direta*

Compreende os gastos com o pessoal que trabalha diretamente na fabricação dos produtos.

A Mão de Obra Direta é aquela que pode ser facilmente identificada em relação aos produtos, como o salário do torneiro mecânico, do tecelão, do carpinteiro, os quais trabalham diretamente na transformação das matérias-primas.

6.1.2.2 *Mão de Obra Indireta*

Compreende os gastos com o pessoal que trabalha na empresa industrial, cujas tarefas estão direcionadas a produção, porém, sem manipular diretamente os produtos.

Sempre que não houver meios seguros que permitam a clara e objetiva identificação dos gastos com mão de obra em relação aos produtos fabricados, esses gastos deverão ser considerados como mão de obra indireta.

Como exemplos de Mão de Obra Indireta, podemos citar os salários e encargos dos supervisores da fábrica, dos chefes de seção, dos faxineiros, dos eletricistas e dos mecânicos que fazem manutenção nas máquinas e nos equipamentos industriais etc. Esses funcionários não atuam diretamente na fabricação desse ou daquele produto, porém os serviços que prestam beneficiam toda a produção em conjunto.

A Mão de Obra Indireta é atribuída aos produtos por meio de rateio. O rateio consiste na distribuição dos custos aos produtos, com base em critérios que podem ser estimados ou até mesmo arbitrados pela empresa.

6.1.3 Contabilização da Mão de Obra Direta

6.1.3.1 *Gastos decorrentes da Folha de Pagamento*

Os custos com mão de obra, em quase sua totalidade, são compostos pelos gastos com salários e encargos contidos nas folhas de pagamento.

Para facilitar a contabilização e a atribuição desses custos aos produtos, a empresa industrial deve elaborar folhas de pagamento distintas, separando o pessoal que trabalha diretamente na produção daquele que trabalha de forma indireta.

É importante salientar que, em uma empresa industrial, os gastos com pessoal podem ser classificados em quatro categorias:

- Mão de Obra Direta (relacionados ao pessoal que trabalha diretamente na fabricação dos produtos).
- Mão de Obra Indireta (relacionados ao pessoal cujas tarefas beneficiam a fabricação de vários produtos ao mesmo tempo).
- Despesas Administrativas (relacionados ao pessoal que trabalha na administração da empresa).
- Despesas com Vendas (relacionados ao pessoal que trabalha na área comercial).

Os gastos com as equipes que trabalham nas diversas áreas da empresa industrial, com raras exceções, são os mesmos e envolvem Salários, Encargos, Gratificações, Comissões etc. Entretanto, dependendo da área de atuação do colaborador, esses gastos serão atribuídos aos produtos direta ou indiretamente ou ainda considerados despesas administrativa ou comercial.

Nas empresas industriais que adotam o sistema do custo departamental para atribuição dos custos indiretos aos produtos, o ideal é que sejam elaboradas Folhas de Pagamentos para cada departamento, sejam eles produtivos ou de serviços. Essa prática facilitará primeiramente o reconhecimento desses gastos nos respectivos departamentos em que foram gerados e, depois, facilitará a transferência dos custos gerados em cada departamento, para os produtos.

Mesmo nos casos em que a empresa adote o sistema de inventário periódico, apurando os custos englobadamente e somente no final de cada período, é também aconselhável que se elabore uma Folha de Pagamento para cada uma de suas áreas (produção, comercial e administrativa).

Vejamos, então, os procedimentos para contabilização dos gastos relativos à Folha de Pagamento da Mão de Obra Direta.

6.1.3.1.1 Salários e encargos sociais

EXEMPLO PRÁTICO

Informações extraídas da Folha de Pagamento do pessoal da produção da Indústria de Peças para Motos Vaticano S/A, referente ao mês de janeiro de X5:

- Valor bruto da folha $ 100.000
- Contribuição de Previdência retida dos empregados $ 10.000
- IRR Fonte retido dos empregados $ 5.000
- Contribuição de Previdência parte patronal $ 27.800
- FGTS $ 8.000

- É importante destacar que a composição dos salários dos empregados; a quantidade e o valor dos encargos; e a quantidade e o valor dos encargos das empresas não são homogêneos em todos os países, pois dependem de legislações próprias.

Capítulo 6 • Mão de Obra e Gastos Gerais de Fabricação

No Brasil, a empresa tem pelo menos dois tipos de despesas (ou custos)[1] com os empregados: salários e encargos sociais.

Salários

Correspondem ao montante que a empresa deve aos seus empregados em contrapartida dos serviços por eles prestados.

Esse montante normalmente é composto de salário fixo, comissões e horas extras.

Regularmente, os empregados são obrigados a pagar ao governo tributos de acordo com seu salário. No exemplo em questão, esses valores correspondem à Previdência Social de $ 10.000 e ao Imposto de Renda de $ 5.000.

As importâncias devidas pelos empregados ao governo são retidas pela empresa (descontadas dos seus salários). Assim, os empregados recebem o salário líquido e, posteriormente, a empresa repassará aos órgãos governamentais competentes as importâncias retidas (descontadas) e devidas pelos empregados.

No exemplo em questão, o salário bruto dos empregados corresponde a $ 100.000 e o líquido corresponde a $ 85.000, ou seja, $ 100.000 – $ 10.000 de contribuição previdenciária – $ 5.000 de Imposto de Renda.

Encargos sociais

Compreendem outros custos (ou despesas) que, por força da legislação vigente no país (trabalhista e previdenciária), a empresa é obrigada a pagar, além do montante dos salários. No exemplo anterior, o valor de $ 27.800 refere-se à contribuição de Previdência (parte patronal), enquanto o valor de $ 8.000 refere-se ao Fundo de Garantia do Tempo de Serviço (FGTS).

É importante destacar que, no Brasil, além dos encargos com a previdência social e com o FGTS, as empresas em geral têm ainda mais dois encargos com seus empegados: Férias e Décimo Terceiro Salário, conforme veremos adiante.

Portanto, a Folha de Pagamento do exemplo em estudo gera para a empresa os seguintes custos:

- Salários $ 100.000
- Contribuição de Previdência parte patronal $ 27.800
- FGTS $ 8.000
- Total $ 135.800

É importante destacar que empregados e empregadores poderão estar sujeitos a outras obrigações, as quais não trataremos aqui dado o caráter introdutório deste livro.

---

[1] É sempre importante repetir que as folhas de pagamento do pessoal da área administrativa e comercial geram despesas para a empresa; contudo, as da área de produção geram custos diretos ou indiretos.

notas

- No Brasil, o valor retido dos salários dos empregados que a empresa deve repassar para a Previdência Social varia conforme a faixa salarial de cada um. O governo brasileiro altera frequentemente essas faixas salariais para fins de recolhimento e para fins de pagamento dos benefícios aos segurados da previdência social.

- No Brasil, a importância que a empresa deve recolher para a Previdência Social, considerada como parte patronal que incide sobre o valor bruto da Folha de Pagamento, corresponde à somatória de encargos devidos para a própria previdência (INSS e SAT) e para terceiros (Sebrae, Senai, Sesi etc.), cujos percentuais também são frequentemente alterados por dispositivos legais.

- O percentual que as empresas devem recolher a título de FGTS corresponde a 8% sobre o valor bruto devido aos empregados. Esse percentual também está sujeito a alterações, embora essa ocorrência seja mais rara que os dois casos já comentados. Lembramos que o FGTS é um benefício constante na legislação brasileira, podendo ou não existir em outros países.

- Além da obrigatoriedade de pagar a Contribuição de Previdência, os empregados estão sujeitos ao pagamento de outras obrigações que também são retidas dos seus vencimentos e posteriormente recolhidas ao governo ou a outra entidade, pela própria empresa. A mais comum dessas obrigações é o imposto de renda. Esse tributo é devido somente pelos trabalhadores que tiverem rendimentos acima de determinado valor que é anualmente fixado pelo governo brasileiro.

Para entender o mecanismo que envolve a contabilização de uma Folha de Pagamento de salários, você precisa saber que os empregados recebem os seus salários sempre no mês seguinte ao mês trabalhado. Isso equivale dizer que as empresas efetuarão o pagamento dos gastos com salários relativos à Folha de Pagamento sempre no mês seguinte ao da ocorrência de seus fatos geradores. Ressalte-se que o fato gerador do gasto com salários e demais encargos ocorre quando o trabalhador presta serviços para a empresa.

Você já deve ter percebido que os gastos com salários e encargos incorridos em um determinado mês deverão integrar os custos dos produtos fabricados no respectivo mês. Esse é um dos motivos que justifica a elaboração da Folha de Pagamento no último dia de cada mês. De posse da folha, os gastos com salários e encargos serão apropriados ao custo do respectivo mês.

Dessa forma, a contabilização da Folha de Pagamento é feita em duas etapas:

1. no último dia do mês, após efetuar os cálculos e elaborar a Folha de Pagamento de salários, a empresa efetuará a contabilização, apropriando os gastos incorridos naquele mês e consequentemente registrando as respectivas obrigações;
2. no mês seguinte, são efetuados os lançamentos da liquidação da folha, correspondentes ao pagamento do líquido aos empregados, bem como ao recolhimento da contribuição de Previdência, FGTS, IR e outros, mediante o preenchimento das guias próprias.

Após esses esclarecimentos, acompanhe a contabilização da Folha de Pagamento em questão:

Capítulo 6 · Mão de Obra e Gastos Gerais de Fabricação

1ª etapa: Apropriações – No último dia do mês

A apropriação dos gastos com a Folha de Pagamento na empresa industrial é feita debitando as contas que representam os custos e creditando as Contas de Obrigações próprias.

Como estamos contabilizando a Mão de Obra Direta, todas as contas representativas dos custos com a Folha de Pagamentos correspondem a esse grupo de custos.

Contabilização em partidas de Diário:

(1) Salários
    a Salários a Pagar
        Pela apropriação da folha de
        pagamento do pessoal da produção,
        referente ao mês de janeiro de X5.   100.000

———————— ————————

(2) Salários a Pagar
    a Diversos
        Pelas retenções conf. folha:
    a Contribuições de Previdência a Recolher
        Valor retido conf. folha.   10.000
    a IRRF a Recolher
        Valor retido conf. folha.   5.000   15.000

———————— ————————

(3) Contribuições de Previdência
    a Contribuições de Previdência a Recolher
        ref. parte patronal conf. folha.   27.800

———————— ————————

(4) Contribuições para o FGTS
    a FGTS a Recolher
        8% conf. Folha.   8.000

———————— ————————

Observe que, debitando as contas representativas da Mão de Obra Direta, os gastos com os salários e encargos dos trabalhadores da produção ficaram devidamente apropriados ao custo de produção do período. Se a empresa pretender atribuir esses custos a cada produto fabricado, deverá manter apontamentos na área de produção que permitam identificar o montante desses custos para cada produto fabricado. Esses apontamentos indicarão o número de horas que os empregados trabalharam em cada produto. Assim, bastará debitar do custo em formação de cada produto as contas que representam a mão de obra e creditar as contas que foram debitadas nos lançamentos aqui apresentados.

É importante salientar que o excesso de detalhamento na contabilização dos custos com mão de obra nem sempre traz benefícios, principalmente nos casos em que os empregados trabalham durante o mês na fabricação de muitos produtos diferentes. Nesses casos, os custos no sistema contábil englobariam toda produção do período e, extracontabilmente, eles seriam apurados por produto.

Se mesmo assim houver interesse na contabilização dos custos por produto, a empresa poderá fazê-los com base nas apurações extracontábeis (mapas, relatórios, planilhas etc.).

2ª etapa: Liquidação – No mês seguinte

Suponhamos que no dia 5 do mês de fevereiro a empresa tenha efetuado em dinheiro o pagamento do líquido aos empregados e os recolhimentos de todas as obrigações decorrentes da Folha de Pagamento de janeiro.

O registro contábil ficará como a seguir:

```
(4)  Diversos
       a Caixa
             Pela liquidação da Folha de
          Pagamento de janeiro, como segue:
     Salários a Pagar
             Líquido pago aos empregados.        85.000
     Contribuições de Previdência a Recolher
             Recolhimento conf. guia.            37.800
     FGTS a Recolher
             Recolhimento conf. guia.             8.000       145.800
```

Observação

▶ Observe que os custos com a Folha de Pagamento foram devidamente apropriados no mês de janeiro e, agora, a contabilização é feita para registrar o cumprimento das obrigações, envolvendo somente contas patrimoniais.

Férias

A legislação trabalhista brasileira garante que todo empregado, após cada período de 12 meses de trabalho na empresa, tem direito a 30 dias corridos de Férias regulamentares, observando-se o limite de faltas estabelecido pela própria legislação trabalhista.

Para cada mês trabalhado ou fração superior a 14 dias, o empregado tem direito a 1/12 de 30 dias de Férias. Isso equivale a 2 dias e meio de Férias para cada mês trabalhado.

O valor das Férias é pago ao trabalhador brasileiro dois dias antes do período determinado para o gozo das respectivas férias. Esse valor corresponde ao salário do mês acrescido de 1/3 desse mesmo valor.

Embora o valor das Férias seja pago de uma só vez ao trabalhador, a empresa industrial deverá apropriar mensalmente a parcela correspondente às Férias a que o empregado tem direito, visto que o referido valor corresponde a custo incorrido no respectivo mês. Agindo dessa forma, esse valor será incluído no Custo de Produção do período.

Como se trata de custo incorrido, cujo valor somente será pago ao trabalhador em época oportuna, debita-se uma conta que represente o custo respectivo (pode ser a conta Férias do grupo da Mão de Obra Direta ou Indireta), creditando-se uma conta do Passivo Circulante que represente a respectiva obrigação (pode ser a conta Férias a Pagar).

Para calcular o valor das Férias, que deverá ser provisionado mensalmente, alguns cuidados precisam ser tomados, visando aproximar-se ao máximo da realidade.

Os cálculos devem ser efetuados levando-se em conta a forma de remuneração (base mensal, por hora, tarefa etc.), o número de horas diárias que o empregado fica à disposição da empresa, os encargos sociais, os aumentos reais de salário etc.

Na prática, as empresas devem realizar os cálculos de acordo com os direitos de cada empregado.

Calcularemos o valor das Férias à razão de 1/12 sobre o valor bruto da Folha de Pagamento, acrescido dos encargos sociais respectivos.

EXEMPLO PRÁTICO

Sabendo que o valor bruto da Folha de Pagamento acrescido dos encargos sociais da Indústria de Peças para Motos Vaticano S/A no mês de janeiro de X5 foi de $ 135.800,00, faremos:

$$1/12 \text{ de } 135.800 = 11.316,66$$
$$11.316,66 + 1/3 = 15.088,88$$

Contabilização no livro Diário em 31 de janeiro de X5:

(4) Férias
    a Férias a Pagar
        Valor que se provisiona com base em
       1/12 da remuneração acrescida dos
       encargos conf. folha de janeiro/X5,
       acrescido ainda de 1/3 desse valor.   15.088,88

Observações

▶ A conta debitada Férias corresponde a Custo do Período.

▶ A conta creditada Férias a Pagar é do Passivo Circulante. Essa conta, mensalmente, receberá a crédito o valor das Férias provisionadas. No mês que ocorrer pagamento de Férias aos empregados, essa conta será debitada, creditando-se as contas Caixa ou Bancos conta Movimento.

▶ Por razões de simplificação, apropriamos a obrigação com as Férias e os respectivos encargos na conta Férias a Pagar. Contudo, poderíamos utilizar contas de obrigações distintas como Férias a Pagar, Contribuições de Previdência sobre Férias a Recolher e FGTS sobre Férias a Recolher.

Noções de Custo

Décimo Terceiro Salário

O Décimo Terceiro Salário, também conhecido por gratificação de Natal, é mais um dos direitos do trabalhador, sendo previsto na legislação trabalhista brasileira.

Corresponde a um salário extra pago a todo trabalhador que tenha trabalhado na mesma empresa durante os 12 meses do ano.

Será pago integralmente se o empregado trabalhou na empresa durante os 12 meses do ano e proporcionalmente ao tempo trabalhado caso tenha iniciado o trabalho durante o ano, se for demitido ou ainda se pedir demissão antes do seu término.

O Décimo Terceiro Salário deve ser pago em duas parcelas: a primeira poderá ser paga junto com as Férias do empregado, nos meses de janeiro a novembro, ou no máximo até o dia 30 de novembro; e a segunda no mês de dezembro, até o dia 20, no máximo.

Para efeito de cálculo do Décimo Terceiro Salário, considera-se mês integral o período de 15 dias ou mais trabalhados no mês.

O tratamento a ser dado para cálculo e contabilização mensal do Décimo Terceiro Salário é o mesmo que já estudamos em relação às Férias, pois mensalmente os trabalhadores fazem jus ao equivalente a 1/12 da remuneração que receber no respectivo mês.

A única diferença é que, no caso do Décimo Terceiro Salário, não há o acréscimo de 1/3 previsto na legislação trabalhista brasileira, como ocorre com as Férias.

EXEMPLO PRÁTICO

Sabendo que o valor bruto da Folha de Pagamento acrescido dos encargos sociais da Indústria de Peças para Motos Vaticano S/A no mês de janeiro de X5 foi de $ 135.800, faremos: 1/12 de $ 135.800 = $ 11.316,66

Contabilização no livro Diário em 31 de janeiro de X5:

Décimo Terceiro Salário
a Décimo Terceiro Salário a Pagar
    Valor que se provisiona com base em
    1/12 da remuneração acrescida dos
    encargos conf. folha de janeiro/X5.   11.316,66

Observações

▸ A conta debitada Décimo Terceiro Salário corresponde a Custo do Período.

▸ A conta creditada Décimo Terceiro Salário a Pagar é do Passivo Circulante. Essa conta, mensalmente, receberá a crédito o valor do Décimo Terceiro Salário provisionado. No mês de dezembro, quando ocorrerá o pagamento do Décimo Terceiro Salário aos empregados, essa conta será debitada, creditando-se as contas Caixa ou Bancos conta Movimento.

▸ Por razões de simplificação, apropriamos a obrigação com o Décimo Terceiro Salário e respectivos encargos na conta Décimo Terceiro Salário a Pagar. Contudo, poderíamos utilizar contas de obrigações distintas como Décimo Terceiro Salário a Pagar, Contribuições de Previdência sobre Décimo Terceiro Salário a Recolher e FGTS sobre Décimo Terceiro Salário a Recolher.

Capítulo 6 · Mão de Obra e Gastos Gerais de Fabricação

6.1.4 Apropriação do Custo com Mão de Obra Direta aos Produtos

Conforme você observou, os gastos com a Folha de Pagamento do mês, relativos ao pessoal que trabalha diretamente na produção, foram devidamente debitados nas contas do grupo da Mão de Obra Direta, integrante do Custo de Produção do Período.

Essas contas são Salários, Encargos Sociais, Férias e Décimo Terceiro Salário.

Havendo interesse da empresa em contabilizar o custo por produto, deverá manter alguma forma de controle que permita o conhecimento do tempo trabalhado pelos empregados em cada produto. Normalmente, esse acompanhamento é realizado por um ou mais empregados destacados para fazer o apontamento das horas trabalhadas em cada produto.

Se, porventura, a Indústria de Peças para Motos Vaticano S/A tivesse fabricado no mês de janeiro apenas um produto, os custos referidos seriam atribuídos a esse único produto. Entretanto, suponhamos que a referida indústria tenha fabricado, durante o mês de janeiro, três tipos de produtos, sendo:

- Produto A = corrente.
- Produto B = catraca.
- Produto C = pedal.

Vamos assumir também que, pelos boletins diários de apontamento da Mão de Obra, elaborados na área de produção, a indústria tenha condições de saber o número de horas trabalhadas pelos empregados em cada produto.

Suponhamos, então, que, consultando esses apontamentos, concluímos que a Mão de Obra Direta aplicada aos três produtos correspondeu a: produto A, 60%; produto B, 30%; e produto C, 10%.

Assim, os gastos com Salários, Encargos Sociais, Férias e Décimo Terceiro Salário correspondentes à Folha de Pagamento de janeiro devem ser atribuídos, para cada produto, na proporção apresentada. Observe:

MAPA DE RATEIO DA MÃO DE OBRA DIRETA MÊS: Janeiro ANO: X5				
CUSTOS	VALOR	P.A 60%	P.B 30%	P.C 10%
Contr. de Previdência	27.800	16.680	8.340	2.780
Contr. para o FGTS	8.000	4.800	2.400	800
Férias	15.311	9.187	4.593	1.531
Décimo Terceiro Salário	11.483	6.890	3.445	1.148
Salários	100.000	60.000	30.000	10.000
TOTAIS	162.594	97.557	48.778	16.259

Noções de Custo

De acordo com o mapa anterior, a apropriação da Mão de Obra Direta aos produtos será feita debitando-se a conta Mão de Obra do grupo do Custo em Formação de cada Produto e creditando-se as contas que registraram os custos englobadamente.

Apropriação da Mão de Obra Direta para o produto A:

(Para melhor compreensão, nesse caso excepcionalmente, utilizaremos grupos, sub-grupos e contas.)

```
CUSTO EM FORMAÇÃO
Produto A
Mão de Obra
a Diversos
        Apropriação que se processa, da
     MOD ao custo em formação do produto A:
a CUSTOS DIRETOS
a Mão de Obra Direta
a Contribuições de Previdência          16.680
a Contribuições para o FGTS              4.800
a Décimo Terceiro Salário                6.890
a Férias                                 9.187
a Salários                              60.000      97.557
_____  _____
```

Com esse lançamento, os custos com a Mão de Obra Direta ficaram devidamente apropriados na conta que registra o Custo em Formação do produto A.

Para apropriar os custos com MOD aos custos em formação dos produtos B e C, o lançamento é semelhante ao apresentado para o produto A.

6.1.5   Outros gastos com pessoal

Exemplo: suponhamos que, durante o mês de janeiro de X5, a Indústria de Peças para Motos Vaticano S/A tenha pago, à vista, ao Bar e Restaurante Nassau Ltda. a importância de $ 3.500, conforme Nota Fiscal nº 121, referente a lanches fornecidos ao pessoal que trabalha na área de produção.

Contabilização em partidas de Diário:

```
Lanches e Refeições
a Caixa
        Paga NF nº 121 ao Bar e Restaurante
     Nassau referente a lanches para o
     Pessoal da produção.                 3.500
_____  _____
```

> **Observações**
>
> ▸ A conta debitada Lanches e Refeições é do grupo da Mão de Obra Direta. Com débito nessa conta, contabilizamos o gasto como custo de fabricação do período.
>
> ▸ Como se trata de lanches fornecidos para todo o pessoal que trabalha na área de produção, esse gasto também é considerado como Mão de Obra Direta e a apropriação para os diversos produtos poderá ser feita com base na mesma proporção em que foi apropriado o valor dos gastos com a Folha de Pagamento, ou seja: para o produto A, 60%, para o produto B, 30% e para o produto C, 10%.
>
> ▸ A contabilização também é semelhante ao caso anterior, ou seja, debita-se a conta Mão de Obra, que representa o Custo em Formação de cada produto, creditando-se a conta Lanches e Refeições, que registrou o valor englobadamente.

6.1.6 Contabilização da Mão de Obra Indireta

A contabilização dos custos com Mão de Obra Indireta é semelhante à contabilização dos custos com Mão de Obra Direta.

Em relação aos gastos com a Folha de Pagamento, no final do mês, as contas representativas dos custos com Mão de Obra Indireta são debitadas.

Posteriormente, a atribuição desses custos aos produtos será feita por meio de rateio. Nesse momento, serão debitadas as contas representativas do custo em formação de cada produto e creditadas as contas do grupo da Mão de Obra Indireta, que receberam a débito os registros englobadamente.

A única diferença entre o rateio da Mão de Obra Direta e o rateio da Mão de Obra Indireta é que, no caso do rateio da Mão de Obra Direta, os critérios são concretos, uma vez que há apontamentos que permitem uma clara identificação desse custo em relação a cada produto fabricado. Já no rateio da Mão de Obra Indireta, como ela beneficia a fabricação de vários produtos ao mesmo tempo, os critérios são abstratos e devem ser estimados ou até mesmo arbitrados pelo contabilista.

É evidente que, para ratear os custos com Mão de Obra Indireta, cada empresa encontrará os critérios que melhor se adeque às suas realidades. No entanto, serão sempre critérios subjetivos.

São exemplos de base para rateio da Mão de Obra Indireta: as mesmas bases utilizadas para rateio da Mão de Obra Direta; o custo da matéria-prima aplicada em cada produto; o custo primário etc. Entretanto, os critérios serão sempre subjetivos e o contabilista decidirá por aquele que melhor se adapte às realidades de momento.

Em relação aos demais gastos com pessoal que devem ser classificados como Mão de Obra Indireta, os critérios de contabilização também são semelhantes ao exemplo apresentado em relação à Mão de Obra Direta.

Atividades Teóricas ❶

1. Responda:

1.1 O que é Mão de Obra?

1.2 O que é Mão de Obra Direta?

1.3 O que é Mão de Obra Indireta?

1.4 O que é rateio?

1.5 Qual é a principal característica da Mão de Obra Indireta?

1.6 Qual é o tratamento contábil a ser destinado aos demais custos com Mão de Obra que não sejam aqueles constantes das Folhas de Pagamentos?

2. Classifique as afirmativas em falsas (F) ou verdadeiras (V):

2.1 ( ) O custo com mão de obra envolve apenas os salários pagos aos empregados e os respectivos encargos sociais e trabalhistas decorrentes.

2.2 ( ) O custo com mão de obra envolve todos os gastos com o pessoal, inclusive salários e encargos.

2.3 ( ) Sempre que não houver meios seguros que permitam clara e objetiva identificação dos gastos com mão de obra na fabricação de produtos, esses gastos deverão ser considerados Mão de Obra Indireta.

2.4 ( ) O rateio dos custos indiretos aos produtos será feito sempre por meio de bases arbitradas pela empresa.

2.5 ( ) Os gastos com pessoal poderão ser classificados como custos ou como despesas, dependendo da área de atuação dos respectivos trabalhadores.

2.6 ( ) No final de cada mês, para apropriar o custo com Mão de Obra Direta, debita-se as contas representativas da Mão de Obra Direta e credita-se as contas de obrigações respectivas.

2.7 ( ) A contabilização dos custos com Mão de Obra Indireta é diferente da contabilização dos custos com Mão de Obra Direta.

2.8 ( ) Os gastos com Férias e Décimo Terceiro Salário não precisam ser contabilizados mensalmente, uma vez que só serão pagos uma única vez aos empregados.

2.9 ( ) Os custos com Mão de Obra Direta e Indireta decorrentes da Folha de Pagamento, inicialmente, no final do mês, devem ser contabilizados a débito das contas que representam os custos globais. Posteriormente, esses custos serão transferidos para compor o custo em formação de cada produto.

3. Escolha a alternativa correta:

3.1 Salários do pessoal da produção, encargos sobre salários do pessoal da produção, salários dos supervisores da fábrica e lanches e refeições do pessoal da produção. Nessa relação de contas, temos:

a) 2 representativas de custos diretos e 2 representativas de custos indiretos.

b) 4 representativas de custos diretos.

c) 3 representativas de custos diretos e uma representativa de custo indireto.

d) 1 representativa de custo direto e 3 representativa de custo indireto.

e) 4 representativas de custo de fabricação, no entanto, apenas uma pode ser classificada como custo indireto.

Capítulo 6 · Mão de Obra e Gastos Gerais de Fabricação

3.2 A elaboração de folhas de pagamento distintas para cada área da empresa industrial é procedimento aconselhável porque:
a) facilita a segregação do gasto com pessoal em custos e despesas.
b) facilita a segregação dos gastos com pessoal em Mão de Obra Direta e Indireta e em despesas administrativas e comerciais.
c) facilita o cálculo do custo primário.
d) facilita a escolha da base de rateio ideal.
e) As alternativas "c" e "d" estão incorretas.

Atividades Práticas

Observe as informações extraídas da Folha de Pagamento do pessoal da Companhia Paramaribo Industrial, referente ao mês de maio de X6:

• Valor Bruto da Folha de Pagamento	$ 500.000
• Contribuição de Previdência retida dos empregados	$ 50.000
• IRRF dos empregados	$ 40.000
• Contribuição de Previdência parte patronal	$ 139.000
• FGTS	$ 40.000

Considerando que as informações foram extraídas de uma Folha de Pagamento do pessoal que trabalha indiretamente na produção, pede-se:

1. Apropriar os custos com a Mão de Obra Indireta no último dia do mês de maio, utilizando contas do grupo da Mão de Obra Indireta.
2. Apropriar os custos decorrentes da Folha de Pagamento para os dois produtos fabricados durante o mês, com base na Mão de Obra Direta, sabendo-se que o produto A utilizou 70% da MOD e o produto B, 30%.

6.2 Gastos gerais de fabricação

6.2.1 Conceito

Os Gastos Gerais de Fabricação compreendem todos os gastos decorrentes do processo de fabricação que não correspondam à Mão de Obra e não correspondam aos gastos com materiais.

Os Gastos Gerais de Fabricação mais comuns são: água e esgoto, aluguéis, arrendamentos, amortização, combustíveis, comunicações, depreciação, energia Elétrica, manutenção e reparo, roupas especiais, serviços de terceiros, seguro contra incêndio etc.

6.2.2 Classificação

Você já estudou no Capítulo 2 que, em relação aos produtos, os gastos gerais de fabricação podem ser diretos ou indiretos.

6.2.2.1 *Gastos Gerais de Fabricação Diretos*

São os gastos que incidem diretamente na fabricação, sendo que as quantidades e os valores podem ser facilmente identificados em relação aos produtos fabricados.

Por exemplos, a energia elétrica consumida por uma máquina quando existe medidor que permite identificar o consumo em relação a cada produto fabricado; a depreciação dos teares utilizados na fabricação de tecidos etc.

6.2.2.2 *Gastos Gerais de Fabricação Indiretos*

Sempre que não houver meios seguros que permitam clara e objetiva identificação dos Gastos Gerais de Fabricação em relação aos produtos fabricados, esses gastos deverão ser considerados como Gastos Gerais de Fabricação Indiretos.

É preciso, também, destacar a existência de casos em que os controles necessários para a identificação dos Gastos Gerais de Fabricação Diretos em relação a cada produto ficam tão onerosos, que é preferível considerá-los juntamente com os indiretos (relação custo-benefício; materialidade).

As apropriações dos Gastos Gerais de Fabricação Indiretos ao custo de fabricação de cada produto são feitas por meio de rateio.

Vários são os critérios que podem ser utilizados. Conforme já estudamos, não existe regra geral que possa ser adotada por todas as empresas. Cada caso deve ser analisado isoladamente. Caberá ao contabilista responsável pela Contabilidade de Custos decidir sobre o critério que melhor se encaixa em cada caso.

Na ausência de um critério mais objetivo, aconselha-se a adoção do custo primário como base para rateio dos Gastos Gerais de Fabricação dos produtos.

6.2.2.3 *Contabilização dos Gastos Gerais de Fabricação*

6.2.2.3.1 Introdução

A maior parte dos Gastos Gerais de Fabricação não tem relação direta com os produtos fabricados, pois ocorrem mensalmente e independem do volume produzido. Esses gastos são também classificados como custos fixos, conforme estudamos no Capítulo 2.

A contabilização, portanto, a exemplo do que ocorre com a contabilização da mão de obra, deve ser feita inicialmente a débito de uma conta representativa do respectivo gasto, integrante do grupo dos Gastos Gerais de Fabricação Diretos ou do grupo dos Gastos Gerais de Fabricação Indiretos. Posteriormente, deverá ser transferido para o custo em formação de cada produto.

Capítulo 6 · Mão de Obra e Gastos Gerais de Fabricação

Quando o Gasto Geral de Fabricação puder ser facilmente identificado em relação aos produtos fabricados, será classificado como direto. O seu rateio, para chegar ao custo de cada produto, será feito com base em critérios concretos. Entretanto, quando não for possível a identificação dos produtos fabricados, serão considerados indiretos. O rateio para o custo em formação de cada produto será feito por meio de critérios abstratos.

Em decorrência da aplicação do regime contábil de competência, a maior parte dos Gastos Gerais de Fabricação deve ser incorporada ao Custo de Produção do período em que forem gerados, já que são regulares e independem do volume de produção.

Por isso, esses gastos devem ser apropriados mensalmente como custos do mês em que foram gerados, tendo sido pagos ou não.

Para a contabilização desses gastos, é preciso considerar três aspectos:

- há gastos gerados e pagos no mês;
- há gastos gerados no mês e pagos no mês seguinte;
- e, ainda, há gastos pagos antes da ocorrência dos fatos geradores.

A seguir, veremos alguns exemplos.

6.2.2.3.2 Gastos gerados e pagos no mês

Nesse caso, a contabilização será feita no dia em que o pagamento for efetuado, debitando-se uma conta do grupo Gastos Gerais de Fabricação que represente o respectivo gasto e creditando-se a conta Caixa ou Bancos, conforme o caso.

Por exemplo, a Companhia Industrial Viena S/A pagou, em 31 de julho, uma conta de energia elétrica no valor de $ 20.000 referente ao consumo do período. Considerando que o gasto se refere a consumo exclusivo da área de produção e que não há na fábrica medidores que permitam a identificação do gasto em relação a cada produto fabricado, veja como o gasto será contabilizado:

Energia Elétrica
a Caixa
      Paga conta de energia elétrica
      ref. ao mês.   20.000

_____ _____

Observação

▸ Debitamos a conta Energia Elétrica que, nesse caso, será a integrante do grupo dos Gastos Gerais de Fabricação Indiretos, para incorporar o referido gasto ao custo de produção do mês de sua ocorrência.

6.2.2.3.3 Gastos gerados no mês e pagos no mês seguinte

Exemplo:

O aluguel do imóvel onde está instalada a fábrica de biscoitos Zagreb S/A referente ao mês de junho foi de $ 30.000. Conforme contrato de locação, o referido pagamento deve ser feito no dia 10 de julho.

Contabilização no livro Diário, em 30 de junho:

```
Aluguéis (da fábrica)
a Aluguéis a Pagar
        Apropriação que se processa
     referente ao aluguel deste mês.              30.000
_____  _____
```

> **Observações**
>
> ▶ Debitando a conta Aluguéis, nesse caso integrante do grupo dos Gastos Gerais de Fabricação Indiretos, o referido gasto ficou devidamente apropriado ao custo de produção do mês em que foi gerado.
>
> ▶ O crédito na conta Aluguéis a Pagar, do Passivo Circulante, identifica o registro da obrigação que será paga no mês seguinte.

6.2.2.3.4 Gastos pagos antes da ocorrência dos fatos geradores

Esses gastos são ativados no momento do desembolso ou quando a empresa assume o compromisso de efetuar o pagamento. Posteriormente, por ocasião das ocorrências dos fatos geradores do custo, são transferidos da conta do Ativo representativa do bem, do custo ou da despesa paga antecipadamente, para a conta Gastos Gerais de Fabricação (Direto ou Indireto).

Exemplo 1 – Seguros contra incêndio

O normal é que os gastos com seguros sejam pagos antecipadamente com cobertura vigente para 12 meses.

Vamos assumir que, em 1º de março de X5, a Empresa Industrial Copenhague S/A tenha assinado contrato de seguro contra incêndio com a Cia. Seguradora Bloemfontein. Foram pagos $ 3.600 referentes ao prêmio de seguro pelo período de 365 dias.

Tendo em vista que o gasto com seguro se refere à cobertura do imóvel onde está instalada a área de produção, veja como ficará sua contabilização:

```
Prêmios de Seguro a Vencer
a Caixa
        Pago a Cia. Seguradora Bloemfontein etc.    3.600
_____  _____
```

> **Observação**
>
> ▶ A conta debitada Prêmios de Seguro a Vencer é Conta do Ativo Circulante que representa o gasto pago antecipadamente. Essa conta será creditada mensalmente pela apropriação da parcela do referido gasto como Custo de Produção do período.

Contabilização em 31 de março:

Prêmios de Seguro
a Prêmios de Seguro a Vencer
    Apropriação que se processa
    referente à parcela deste mês.   300
_____ _____

> **Observações**
>
> ▶ Debitamos a conta Prêmios de Seguro, nesse caso, integrante do grupo dos Gastos Gerais de Fabricação Indiretos, para que o referido gasto fique devidamente apropriado ao custo de produção do período.
>
> ▶ Creditamos a conta Prêmios de Seguro a Vencer para dar baixa no valor do respectivo gasto, tendo em vista a parcela já vencida.

Exemplo 2 – Depreciação

Depreciação é a alocação sistemática do valor depreciável de um Ativo ao longo da sua vida útil.

Alocar sistematicamente o valor depreciável de um bem consiste em transferir periodicamente uma parcela do valor gasto na aquisição, fabricação ou construção do bem de uso para o resultado ou para o custo de fabricação do período.

Você já sabe que os bens materiais, corpóreos ou tangíveis, classificados no Ativo Imobilizado, são necessários para que a empresa possa desenvolver as suas atividades e alcançar os seus objetivos.

Quando a empresa adquire bens de uso, esses bens são ativados no momento da aquisição, isto é, contabilizados em contas do Ativo Imobilizado.

Os bens do Imobilizado podem ser utilizados na área de produção (máquinas, equipamentos industriais, computadores, móveis e utensílios etc.), no departamento comercial (móveis e utensílios, computadores, veículos etc.) ou no departamento administrativo (móveis e utensílios, computadores etc.).

Esses bens se desgastam ao longo do tempo em decorrência do uso, da obsolescência ou da ação da natureza e, por isso, perdem seu valor. Logo, as empresas devem estimar um tempo de vida útil para esses bens e elaborar um plano de depreciação ao longo desse tempo.

É por meio da depreciação, portanto, que o valor gasto na aquisição desses bens se transforma em Gastos Gerais de Fabricação (para integrar o custo de fabricação) ou em despesas administrativas ou comerciais (para integrar o resultado do período).

Suponhamos que uma determinada empresa industrial tenha adquirido em 1° de março de X1, à vista, uma máquina para uso no setor de produção por $ 70.000.

Na data da aquisição, essa máquina será contabilizada como segue:

(1) Máquinas
a Caixa
     Compra etc.   70.000
_____ _____

Mediante estudos realizados pela gerência de produção, foi estimado um tempo de vida útil de 10 anos para esse bem.

Tempo de vida útil de um bem é o período durante o qual seja possível a sua utilização econômica na produção de seus rendimentos. Assim, durante esses 10 anos, essa máquina será depreciada a razão de 10% ao ano.

Deve-se estimar, também, um valor residual para o bem, isto é, deve-se supor que no final do tempo de vida útil estimado esse bem ainda possa ser vendido por um determinado valor.

Suponhamos que, para esse bem, se tenha fixado valor residual de $ 10.000. Portanto, o valor depreciável desse bem será de $ 60.000, ou seja, $ 70.000 – $ 10.000.

No final de cada ano, a depreciação deve ser realizada nas empresas em geral, para que o seu valor seja considerado despesa no momento de apuração do resultado do respectivo ano. Entretanto, nas empresas industriais, é praxe efetuar a depreciação dos bens de uso no final de cada mês, para possibilitar a apropriação desse gasto ao custo dos produtos fabricados no respectivo mês.

Veja, então, os cálculos:

Cálculo da cota anual
10% de $ 60.000 = $ 6.000

Cálculo da cota mensal
$ 6.000 dividido por 12 meses = $ 500 por mês.

Veja agora a contabilização da cota mensal em 31 de março de X1:

(2) Depreciação
a Depreciação Acumulada de Máquinas
     Pela depreciação de 10% referente à
    cota deste mês etc.   500
_____ _____

> **Observações**
>
> ▶ A conta debitada Depreciação, nesse caso, é conta do grupo dos Gastos Gerais de Fabricação. Posteriormente, o seu valor será transferido para o custo em formação de todos os produtos cujo processo de fabricação tiver passado pela respectiva máquina. Quando for possível identificar o tempo de uso da máquina para um determinado produto, esse custo será direto; caso contrário, o valor da depreciação será rateado por todos produtos fabricados na máquina, mediante a aplicação de uma base de rateio.
>
> ▶ A conta creditada Depreciação Acumulada é conta patrimonial que figurará no Balanço Patrimonial como redutora da conta Máquinas.

6.2.2.4 *Rateio dos Gastos Gerais de Fabricação*

Os procedimentos contábeis adotados para contabilizar o rateio dos Gastos Gerais de Fabricação são semelhantes aos adotados para o rateio da Mão de obra, ou seja, debita-se a conta Gastos Gerais de Fabricação do grupo Custo em Formação de cada produto e credita-se a conta que registrou englobadamente o referido gasto do grupo próprio.

Vários critérios podem ser utilizados, tomando como base de rateio o critério mais adequado para cada caso. Como ocorre com todos os Custos de Fabricação Indiretos, não há regra geral que possa ser adotada por todas as empresas.

Apenas como sugestão, veja as bases de rateio que podem ser utilizadas para atribuição dos Gastos Gerais de Fabricação aos produtos:

- valor da Matéria-prima aplicada;
- valor da Mão de Obra Direta;
- custo primário (Matéria-prima + Mão de Obra Direta);
- horas de trabalho (utilizadas na fabricação de cada produto).

Exemplo:

Suponhamos que, na empresa Industrial Abu Dhabi S/A, durante o mês de maio, ocorreram os seguintes Gastos Gerais de Fabricação:

- Água e Esgoto   300
- Aluguéis da Fábrica   2.000
- Depreciação   500
- Energia Elétrica   3.000
- Prêmios de Seguro   100
- Total   5.900

A empresa fabricou três produtos durante o mês, os quais tiveram os seguintes Custos Primários:

- produto A = $ 4,200;
- produto B = $ 2.100;
- produto C = $ 700.

Noções de Custo

Pede-se:

Calcular e contabilizar o valor dos Gastos Gerais de Fabricação que deverá ser atribuído a cada produto, tendo por base o Custo Primário.

Conforme vimos, o primeiro passo será calcular a porcentagem de participação de cada produto em relação ao total do Custo Primário da produção do período. Depois, com base nesse percentual encontrado, basta calcular o valor proporcional de cada gasto a ser rateado em cada produto.

SOLUÇÃO:

1. Cálculo da proporção do Custo Primário de cada produto em relação ao total do Custo Primário da produção do período:
   - Custo Primário do produto A $ 4.200
   - Custo Primário do produto B $ 2.100
   - Custo Primário do produto C $ 700
   - Total $ 7.000

2. Cálculo da proporção a ser rateada para cada produto:
   - produto A:

   $$7.000 = 100\%$$
   $$4.200 = x$$

   $$x = 4.200 \times 100/7.000 = 60\%$$

   - produto B:

   $$7.000 = 100\%$$
   $$2.100 = x$$

   $$x = 2,100 \times 100/7.000 = 30\%$$

   - produto C:

   $$7.000 = 100\%$$
   $$700 = x$$

   $$x = 700 \times 100/7.000 = 10\%$$

Uma vez determinada a participação do Custo Primário de cada produto em relação ao total do Custo Primário, basta aplicar os respectivos percentuais sobre o valor de cada gasto para encontrar o valor a ser rateado.

Para facilitar, a seguir, analise o mapa de rateio dos Gastos Gerais de Fabricação.

MAPA DE RATEIO DA MÃO DE OBRA DIRETA MÊS: Janeiro ANO: X5				
CUSTOS	VALOR	P.A 60%	P.B 30%	P.C 10%
Água e Esgoto	300	180	90	30
Aluguéis da Fábrica	2.000	1.200	600	200
Depreciação	500	300	150	50
Energia Elétrica	3.000	1.800	900	300
Prêmios de Seguro	100	60	30	10
TOTAIS	5.900	3.540	1.770	590

Capítulo 6 • Mão de Obra e Gastos Gerais de Fabricação

Contabilização em partidas de Diário

Basta debitar a conta Gastos Gerais de Fabricação do grupo Custo em Formação do respectivo produto e creditar as contas do grupo Gastos Gerais de Fabricação que registraram englobadamente os respectivos gastos. Veja:

```
Gastos Gerais de Fabricação
a Diversos
        Rateio que se processa à razão de 60%
    sobre os Gastos Gerais de Fabricação,
    conforme mapa, para formação do custo do
    produto A:
a Água
        Saldo desta Conta.              180
a Aluguéis da Fábrica
        Idem.                         1.200
a Depreciação
        Idem.                           300
a Energia Elétrica
        Idem.                         1.800
a Prêmios de Seguro
        Idem.                            60        3.540
    _____    _____
```

Observações

▸ Debitando a conta Gastos Gerais de Fabricação, que faz parte do grupo Custo em Formação do produto A, estamos incorporando ao Custo de Produção do referido produto os respectivos valores dos GGF.

▸ Creditando as contas do grupo Gastos Gerais de Fabricação Indiretos, que registraram os valores globais dos GGF, estamos dando baixa nos respectivos valores que foram rateados. Essas contas, após os rateios para os três produtos, ficarão com seus saldos iguais a zero.

Agora, basta proceder da mesma maneira com os custos a serem atribuídos aos produtos B e C.

6.3 Resumo

Até aqui você aprendeu que o Custo Industrial é composto por três elementos básicos: Materiais, Mão de Obra e Gastos Gerais de Fabricação.

Assim, o Custo de Produção de determinado período pode ser apurado pela seguinte fórmula:

$$CPP = MT + MO + GGF$$

Em que:

    CPP = Custo de Produção ou de Fabricação do Período.
    MT = Materiais.
    MO = Mão de Obra.
    GGF = Gastos Gerais de Fabricação.

Você estudou também que, em relação aos produtos, o Custo Industrial pode ser classificado em Direto e Indireto. Dessa forma, os gastos com Materiais Diretos, Mão de Obra Direta e Gastos Gerais de Fabricação Diretos compõem o Custo Direto de Fabricação; e os gastos com Materiais Indiretos, Mão de Obra Indireta e Gastos Gerais de Fabricação Indiretos compõem o Custo Indireto de Fabricação, também conhecido pela sigla CIF.

Você aprendeu ainda que, por razões de simplificação, empresas industriais de portes médio e pequeno, para apurar o Custo de Fabricação de seus produtos, utilizam a seguinte fórmula:

$$CPP = MP + MOD + CIF$$

Em que:

    CPP = Custo de Produção ou de Fabricação do Período.
    MP   = Matéria-prima.
    MOD = Mão de Obra Direta.
    CIF   = Custos Indiretos de Fabricação.

Os Custos Indiretos de Fabricação, nesse caso, compõem-se dos gastos com Materiais Diretos e Indiretos (exceto a matéria-prima), Mão de Obra Indireta e Gastos Gerais de Fabricação Diretos e Indiretos.

Note que essa fórmula evidencia inicialmente o Custo Primário (matéria-prima + Mão de Obra Direta), a ele adicionando os demais Custos de Fabricação Diretos e Indiretos, sendo todos considerados CIF.

Atividades Teóricas

1. **Responda:**
    1.1 O que são os Gastos Gerais de Fabricação?
    1.2 Como deverá ser classificado o consumo de energia elétrica de uma máquina de produção que possui medidor de consumo de energia?
    1.3 Como devem ser contabilizados os Gastos Gerais de Fabricação?
    1.4 Quais as bases que normalmente são utilizadas para o rateio dos gastos gerais de fabricação aos produtos?
    1.5 Qual é a fórmula que pode ser utilizada para apuração do custo de produção do período?

1.6 Nas empresas industriais que costumam considerar custos diretos somente a matéria-prima e a Mão de Obra Direta, como fica a fórmula para apuração do custo de produção do período?

1.7 O que é depreciação?

1.8 Na empresa industrial, qual a finalidade da depreciação?

2. **Classifique as afirmativas em falsas (F) ou verdadeiras (V):**

2.1 ( ) Embora os Gastos Gerais de Fabricação possam ser classificados em diretos ou indiretos, é comum, por razões práticas, considerá-los todos como indiretos.

2.2 ( ) Qualquer gasto classificado como Gastos Gerais de Fabricação, quando possa ser identificado em relação ao produto fabricado, deve ser considerado como direto, ainda que sejam onerosos os custos para permitir essa identificação.

2.3 ( ) Em relação à mão de obra e aos Gastos Gerais de Fabricação, quando diretos, o rateio para os produtos é feito por critérios objetivos e, quando indiretos, por critérios subjetivos.

2.4 ( ) Os três elementos componentes do custo industrial são: materiais, mão de obra e Gastos Gerais de Fabricação.

3. **Escolha a alternativa correta.**

3.1 Aluguéis, Salários, Contribuições de Previdência, Energia Elétrica, Depreciação, Férias e Serviços de Terceiros. Na relação apresentada temos:

a) 7 contas representativas de despesas.

b) 7 contas representativas de custos.

c) 3 contas representativas de gastos gerais de fabricação e 4 representativas de custos diretos.

d) 3 contas representativas de gastos gerais de fabricação ou de despesas e 4 contas representativas de custos diretos, indiretos ou de despesas.

e) 4 contas representativas de Gastos Gerais de Fabricação ou de despesas; e 3 contas representativas de Mão de Obra Direta ou Indireta ou de despesas.

Atividades Práticas ❷

Prática 1

Observe as contas e os saldos extraídos do livro Razão de uma empresa industrial em 31 de março de X2:

MÃO DE OBRA DIRETA

Salários e Encargos	135.000
Lanches e Refeições	10.000

MÃO DE OBRA INDIRETA

Salários e Encargos	50.000

GASTOS GERAIS DE FABRICAÇÃO DIRETOS

Aluguel de Máquinas	10.000
Energia Elétrica	20.000
Depreciação	2.000

GASTOS GERAIS DE FABRICAÇÃO INDIRETOS

Aluguel	30.000
Energia Elétrica	10.000
Depreciação	3.000
Água e Esgoto	3.000
Serviços de Terceiros	12.000

Considerar que a empresa industrial fabricou 4 produtos durante o mês de março, tendo gasto com matérias-primas respectivamente: 200.000; 80.000; 80.000 e 40.000.

Considerando ainda que não foram utilizados outros materiais no processo de fabricação, pede-se para:

a) elaborar mapa de rateio dos custos diretos, tendo como base a proporção da matéria--prima aplicada na fabricação de cada produto;

b) calcular o custo primário;

c) elaborar mapa de rateio para os custos indiretos, tendo como base o custo primário;

d) calcular os custos de fabricação de cada produto;

e) contabilizar todos os eventos necessários. Tendo em vista que os mapas serão elucidativos, proceder a contabilização sintética dos custos de fabricação de cada produto e posterior transferência para a conta de Estoques de Produtos Acabados.

CAPÍTULO

7 ▶

CUSTO-PADRÃO

7.1 Conceitos de Custo-padrão e de Custo Real

Custo-padrão é um custo estimado, isto é, calculado antes mesmo de iniciado o processo de fabricação, fundamentado sempre em custos de produções anteriormente realizadas.

Custo Real ou Custo Histórico é aquele apurado após concluído o processo de fabricação, fundamentado sempre nos custos que efetivamente ocorreram na fabricação dos produtos.

O Custo-padrão, importante instrumento de controle, tem várias finalidades, motivo pelo qual poderá também receber denominações diversas.

Dentre as muitas vantagens de se conhecer antecipadamente o custo de fabricação, duas merecem destaque:

- a possibilidade da fixação do preço de venda;
- a otimização do processo produtivo, visando utilizar ao máximo os recursos humanos, físicos e financeiros disponíveis.

O Custo-padrão pode ser chamado de Custo-padrão Corrente quando houver necessidade de fixar o preço de venda para compor o orçamento no momento de fechar o contrato para fabricar produtos sob encomenda. Nesse caso, o padrão é fixado com base em produções anteriores, sendo que a empresa tem como meta atingi-lo a curto ou a médio prazo, ou seja, somente visando à produção daquele lote solicitado pelo cliente.

É importante salientar que, na determinação do Custo-padrão, não basta apurar uma média com base na coleta de dados de produções anteriores. Nesse caso, alguns cuidados precisam ser tomados, principalmente em períodos de desestabilidade econômica.

Entrevistas com o pessoal da engenharia de produção podem revelar a existência de fatores internos que temporariamente influenciarão no desempenho do processo produtivo:

- as paradas para manutenção de máquinas e equipamentos;
- a rotatividade de pessoal;
- a substituição de empregados mais experientes por outros inexperientes por ocasião dos períodos de Férias regulamentares dos empregados. Isso pode provocar lentidão no processo produtivo e até mesmo desperdícios de materiais;
- a qualidade dos insumos. Em alguns períodos, com o aumento da produção ou a necessidades do mercado, a empresa precisa adquirir e utilizar materiais de qualidade inferior que o habitual.

Esses são alguns fatores que podem comprometer o desempenho da produção, interferindo decisivamente nos custos finais dos produtos.

O Custo Real, portanto, dificilmente coincidirá com o previamente fixado, uma vez que o processo de fabricação está sujeito à ocorrência de fatos inusitados e todas essas circunstâncias devem ser consideradas por ocasião da fixação do Custo-padrão.

O Custo-padrão pode ser chamado de Custo-padrão Ideal quando constituir meta a ser atingida pela empresa, cujo objetivo é otimizar a produção e buscar maior qualidade e menor custo. Nesse caso, independentemente de a produção ser sob encomenda ou não, a empresa fixa metas a serem atingidas, normalmente a longo prazo. Trata-se de um custo também orçado, porém com objetivos a serem rigorosamente atingidos. Nesse caso, a empresa cria um modelo ideal e procura alcançá-lo visando ao melhor aproveitamento dos recursos humanos, materiais e tecnológicos disponíveis.

Tendo em vista que, em geral, o modelo não pode ser alcançado a curto prazo, a empresa, mediante análise das variações entre o padrão e o real, busca lapidar as arestas para minimizar as divergências, até atingir o custo ideal, conforme sua realidade e seu interesse.

Portanto, o Custo-padrão, independentemente da sua finalidade, será sempre um custo orçado, isto é, fixado com base em estudos prévios. Já o custo Histórico ou Real só pode ser conhecido depois de concluído o processo de fabricação.

O Custo-padrão serve de parâmetro para o Custo Real. Enquanto o custo real representa aquele que efetivamente ocorreu, o Custo-padrão representa aquele que deveria ter ocorrido.

Finalmente, é importante evidenciar que o Custo-padrão pode ser utilizado pelas empresas que adotam:

- o sistema de custeio por absorção. Permitido no Brasil, caracteriza-se pela inclusão de todos custos incorridos, sejam diretos ou indiretos, no custo de fabricação;
- o sistema de custeio direto ou variável. No Brasil, é utilizado somente para fins gerenciais. Caracteriza-se por desprezar os custos indiretos, isto é, esses custos são incluídos no resultado juntamente com as despesas, sem onerar os estoques ou o custo dos produtos vendidos.

7.2 Fixação do Custo-padrão

O Custo-padrão, seja qual for a sua finalidade, deve ser fixado separadamente para os Materiais, para a Mão de Obra e para os Gastos Gerais de Fabricação. A fixação não está restrita apenas a valores, mas também a quantidades.

Assim, ao prever o padrão em valor para cada item componente dos materiais, será necessário também fixar o padrão em quantidade (metros, peso, volume). Da mesma forma, ao se fixar o valor de cada item integrante da mão de obra, será preciso fixar também o tempo gasto pelo pessoal para a fabricação de cada unidade. Em relação aos Gastos Gerais de Fabricação, além do valor de cada item, é preciso fixar, sempre que possível, a quantidade de KW, o tempo de uso de máquinas, o número de pulsos telefônicos etc.

De acordo com o produto que deve ser fabricado e dependendo da complexidade que envolva o processo de fabricação, os três elementos integrantes do custo poderão ser compostos por um número maior ou menor de itens.

O Custo-padrão almejado deverá ser sempre aquele cuja previsão abranja o maior detalhamento possível, para que as variações entre os valores estimados e os reais possam ser identificadas com precisão e ajustadas adequadamente visando alcançar as metas desejadas.

Como vimos anteriormente, a fixação do Custo-padrão não pode estar fundamentada apenas nos dados extraídos pela Contabilidade de Custos. Embora as informações fornecidas por esse setor sejam imprescindíveis, deve-se também obter informações junto ao pessoal que trabalha na área de produção, normalmente da engenharia de produção, para evitar que o padrão seja uma simples média aritmética baseada somente nos valores contabilizados.

É evidente que, na fixação do Custo-padrão, a relação custo-benefício deve sempre ser considerada. Deve-se desprezar os valores inexpressivos (materialidade), que podem gerar cálculos desnecessários. Os resultados irrelevantes servirão apenas para aumentar a quantidade de informações, emperrando assim o sistema de controle, seja contábil ou extracontábil.

EXEMPLO PRÁTICO

Suponhamos que a Companhia Industrial Taipé S/A, com base nas produções dos meses de janeiro, fevereiro e março, após coletar dados junto à Contabilidade de Custos e informações do pessoal que trabalha diretamente na produção, tenha fixado o Custo-padrão de $ 500 para a fabricação de um lote de 100 unidades do produto K.

Esse valor padrão foi obtido pela somatória dos seguintes custos:

- Valor padrão para os gastos com materiais 250
- Valor padrão para os gastos com mão de obra 150
- Valor padrão para os Gastos Gerais de Fabricação 100
- Total do Custo Padrão 500

Suponhamos que, após encerrado o mês de abril, período em que o lote do produto em questão foi fabricado, o respectivo custo real devidamente contabilizado tenha sido como segue:

Custo Real dos Materiais	300
Custo Real da Mão de Obra	200
Custo Real dos Gastos Gerais de Fabricação	120
Total do Custo Real	620

Deve ser feito um exame minucioso dos componentes do Custo Real ocorrido no mês de abril, para que sejam verificados os motivos que provocaram a variação de $ 120 entre o Custo-padrão e o Custo Real.

Na análise, deve-se inicialmente verificar possíveis aumentos no custo dos materiais, bem como reajustes de salários, tarifas etc.

Considerando não ter havido aumento de preços nem reajustes de salários, a administração da empresa poderá concluir que o aumento do Custo Real em relação ao Padrão pode ter ocorrido em função de desperdícios de materiais, mão de obra ociosa etc.

Examinando o relatório elaborado pela engenharia de produção, especificamente em relação ao produto K, encontramos as causas da variação de $ 120:

- houve atraso de dois dias no processo de fabricação porque uma máquina quebrou e gerou um gasto adicional de $ 10 com serviços de terceiros para reparo;

EXEMPLO PRÁTICO

- durante o mês, a metade do pessoal que trabalhou na fabricação das 100 unidades do produto K estava em fase de treinamento, o que provocou lentidão no processo de fabricação. Isso gerou um acréscimo de $ 10 no consumo de energia elétrica;
- o custo com a mão de obra sofreu aumento de $ 50 em decorrência do acréscimo do número de empregados e supervisores para treinamento do pessoal em plena produção;
- a inexperiência do pessoal produtivo gerou desperdício de matéria-prima no montante de $ 50.

O Custo-padrão constitui importante instrumento para a administração avaliar o desempenho da produção, servindo de base para tomada de decisões. Enquanto não se conhece o Custo Real, a empresa precisa tomar duas medidas: fazer um cálculo prévio do Custo-padrão; e, depois, com base em dados reais, um cálculo do Custo Histórico ou Real.

7.3 Variações entre o Custo-padrão e o Custo Real

As variações entre o Custo-padrão e o Custo Real podem decorrer de fatores internos ou externos à empresa.

Quando são motivados por causas internas, caberá à empresa identificar as pessoas responsáveis para que sejam tomadas as providências necessárias, visando sanar as irregularidades, eliminar de vez as divergências ou reduzi-las ao máximo possível. Quando decorrer de causas externas, pouca coisa ou quase nada poderá ser feito pela empresa, especialmente nos momentos em que as oscilações na economia do país refletirem nos preços dos insumos.

Uma vez fixado um valor padrão, o Custo Real dificilmente coincidirá com ele, salvo em situações extremas em que a economia do país esteja estável, sem oscilações nos preços do mercado, nos salários e que, por um motivo inédito, a empresa desempenhe seus processos produtivos alcançando o máximo de eficiência com o aproveitamento de 100% dos recursos humanos, físicos e tecnológicos, sem que ocorram anomalias.

Como essa situação é utópica, o normal, então, será que existam variações para mais ou para menos entre o Custo Real e o Custo-padrão almejado. Essas variações poderão ser positivas (favoráveis) ou negativas (desfavoráveis).

- As variações são positivas quando o Custo-padrão supera o Custo Real. Nesse caso, a empresa gastou menos para fabricar os produtos do que havia previsto.
- As variações são negativas quando o Custo Real supera o Custo-padrão. Nesse caso, a empresa gastou mais do que tinha previsto para a fabricação dos produtos.

Em qualquer uma das situações, sendo a variação favorável ou desfavorável, a empresa deverá identificar as causas que as provocaram e providenciar os ajustes necessários. Essas decisões devem ser tomadas após rigorosa análise e comparação entre o custo desejado (padrão) e o incorrido (real).

Vejamos, a seguir, alguns dos principais fatores que provocam as variações entre o custo almejado e o efetivamente incorrido:

a) Variação de valor

- **Aumentos ou quedas nos preços dos insumos**

  Quando a divergência entre qualquer item componente do custo de fabricação padrão em relação ao real decorrer de variações de preço, poucas providências poderão ser tomadas pela empresa. Há situações em que não é possível tomar providências, como nos casos de aumentos de preços derivados de inflação, seja dos materiais, da energia elétrica ou de outros Gastos Gerais de Fabricação. No caso dos materiais, a empresa poderá procurar outros fornecedores para compensar o aumento de preços, embora essa prática não seja tão simples assim, uma vez que nem sempre é possível encontrar fornecedores no mercado que estejam dispostos a cobrir preço, qualidade e precisão na entrega dos materiais necessários para a fabricação.

  Quanto aos preços dos serviços cuja variação dependa de atos do poder público, como energia elétrica e telefonia, a empresa não poderá tomar providência alguma, salvo reajustes nos valores padrão para os períodos seguintes.

  Outro caso de variação entre o Custo Real e o Padrão que ocorre com frequência são os aumentos de salários nos períodos dos dissídios coletivos. Nesses momentos, a empresa deverá estar atenta para acomodar os aumentos, sem a necessidade de tomar providências mais radicais em seus controles.

b) Variação de quantidade

Quando as variações entre o Custo-padrão e o Custo Real decorrerem do aumento da quantidade de materiais aplicados na produção, é necessário verificar a causa da variação, para que medidas corretivas possam ser tomadas. A divergência nas quantidades pode decorrer de problemas no funcionamento das máquinas; de inexperiência do pessoal ou de parte do pessoal que manipula diretamente o produto; da qualidade dos materiais aplicados etc.

Sempre que ocorrer admissão de novos colaboradores (para substituir demissionários ou aumento de produção), é comum haver um período de desperdícios de materiais e lentidão na produção. Essas situações serão superadas gradativamente, conforme os empregados se adequarem às novas tarefas. Ao detectar essas situações com antecedência, é possível influenciar na determinação do Custo-padrão.

Após os registros supra, as contas representativas do custo em formação de cada produto conterão no débito o total dos custos reais e no crédito, o total dos custos padrão. São exemplos: desperdícios de aparas nas indústrias que manipulam papel; serragens nas indústrias que atuam com madeira; limalhas nas indústrias que trabalham com materiais ferrosos; retalhos nas indústrias de confecções etc. Nesses casos, os desperdícios devem ser tratados como parte do custo de fabricação, conforme estudamos na Seção 4.3.9 do Capítulo 4.

c) Variação mista

Ocorre quando a variação entre o Custo Real e o Custo-padrão deriva de divergências no custo dos insumos e nas quantidades aplicadas no processo de fabricação.

O valor da variação mista será obtido entre variação de quantidade × variação de preço. As causas que provocam variações nos preços dos insumos e nas quantidades (sejam de materiais, horas de trabalho ou outros consumos) são as mesmas apresentadas nos dois itens anteriores.

Sem dúvida, há uma infinidade de situações que podem ocorrer no processo produtivo e que provocam variações entre o Custo-padrão e o efetivamente incorrido. Essas situações, conforme as características que envolvem cada processo de fabricação, podem ocorrer em relação aos recursos humanos, físicos ou tecnológicos.

Portanto, após definido um modelo, será indispensável uma boa análise para que seja possível tomar as providências necessárias, com foco nos ajustes após a identificação dos itens que apresentam divergências entre o Custo Real e aquele previamente determinado.

7.4 Esquema Técnico para Contabilização do Custo-padrão

Embora o Custo-padrão seja um instrumento de controle de grande importância, inclusive no gerenciamento da produção, a sua contabilização é dispensável. Isso acontece porque, nos registros contábeis, o que vale é o custo efetivamente incorrido na fabricação. Já para as tomadas de decisões no gerenciamento da produção ou de outros setores da empresa, as informações compiladas em mapas, gráficos, relatórios ou qualquer outro meio extracontábil atendem às necessidades de forma mais precisa que os relatórios extraídos dos registros contábeis.

O Custo-padrão, mesmo controlado extracontabilmente, não perderá as principais características que podem ser resumidas como sendo um valor que serve de base de comparação para o Custo Real e como objetivo de modelo para a empresa.

Entretanto, quando a empresa decidir contabilizar antecipadamente o custo baseando-se no Custo-padrão, deverá fazer os ajustes necessários no encerramento do processo produtivo. É preciso contabilizar as variações positivas ou negativas para que o custo de fabricação fique devidamente registrado na contabilidade pelo seu valor histórico, ou seja, pelos valores efetivamente incorridos. Para que isso seja possível, as divergências entre o Custo-padrão e o Custo Real, evidenciadas por meio das contas de variações próprias, deverão ser distribuídas proporcionalmente entre os estoques de produtos em elaboração; os estoques de produtos acabados e ainda não vendidos; e entre o custo dos produtos vendidos.

Quando a empresa não faz opção pela contabilização do Custo-padrão, ele será calculado e acompanhado em comparação ao Custo Real, por meio de mapas, gráficos ou outros relatórios extracontábeis.

O custo estimado, em muitas ocasiões, agiliza o registro contábil da produção, pois permite que a contabilização do custo de fabricação dos produtos seja processada conforme os respectivos processos de fabricação são encerrados ao longo do mês. Mesmo que a maior parte dos custos indiretos ainda não seja totalmente conhecida.

Numa economia inflacionária, o Custo Real será sempre superior ao Custo-padrão. Por esse motivo, se a pessoa responsável pela Contabilidade de Custos decidir contabilizá-lo, ela deverá prever contas apropriadas para registrar as variações que certamente ocorrerão.

Havendo interesse da empresa no registro contábil do Custo-padrão, caberá a ela decidir o grau do detalhamento que envolverá essa contabilização.

O ideal é que, no Plano de Contas, estejam previstas contas para cada item componente de Custos Diretos e Custos Indiretos. Assim, é possível receber os lançamentos pelo valor real e um mesmo número de contas idênticas para receber os lançamentos pelo Custo-padrão. Nesse caso, no encerramento de cada mês, deve-se fazer o cotejo entre cada item de custo direto e indireto, entre o padrão e o real, apurando-se as variações por item e fazendo os ajustes necessários, sejam as variações favoráveis (positivas) ou desfavoráveis (negativas).

Para evitar um número excessivo de lançamentos contábeis, pode-se acompanhar extracontabilmente todos os itens componentes dos custos diretos e indiretos. Em seguida, realizar a contabilização somente por valores globais do Custo-padrão e das variações.

Veja, a seguir, um esquema técnico que pode ser utilizado para contabilização do Custo-padrão.

ESQUEMA TÉCNICO PARA CONTABILIZAÇÃO DO CUSTO-PADRÃO

a) Contabilização dos valores padrão

No momento em que for concluído o processo de fabricação de um produto, grupo ou família de produtos, será dada baixa da produção e da respectiva entrada no grupo dos estoques de produtos acabados, considerando os valores padrão. O registro contábil será feito mediante débito na conta de estoque e crédito na conta representativa do custo em formação do respectivo produto, grupo ou família.

Para evitar a contabilização a crédito da conta que registra o custo em formação de cada produto, grupo ou família, por subcontas representativas de cada item componente de materiais, mão de obra e Gastos Gerais de Fabricação, pode-se elaborar mapas de apuração dos custos pelos valores padrão; em seguida, dar a respectiva baixa na produção utilizando um só valor a débito da conta representativa do produto no grupo do Ativo Circulante (Estoques de Produtos Acabados) e a crédito da conta representativa do custo em formação do respectivo produto.

b) Contabilização dos valores reais

Durante o mês, conforme os custos forem sendo gerados, serão contabilizados a débito da conta representativa do item do custo direto ou indireto pelo seu valor real. Essa contabilização, a critério da empresa, poderá ser efetuada de uma só vez após o fechamento do mês.

c) Apuração das variações entre o Custo-padrão e o Custo Real

Deve-se realizar a transferência dos custos devidamente registrados nas contas próprias para as contas representativas do custo em formação de cada produto nos casos a seguir:

- caso as contas representativas do custo em formação de cada produto no final do mês estejam devidamente creditadas pelos custos-padrão incorridos no mês;
- caso os produtos tenham sido transferidos para estoque de produtos acabados ou permaneçam em processamento. Nesse caso, estarão registrados também em contas de estoques de produtos em elaboração, após o fechamento do mês.

Adotando os critérios já estudados nos capítulos anteriores, debitam-se as contas representativas do custo em formação de cada produto e creditam-se as contas de custos respectivas.

Após os registros descritos anteriormente, as contas representativas do custo em formação de cada produto constarão no débito o total de Custos Reais; já no crédito, estará o total dos Custos Padrão. Se o saldo da conta for devedor, significa que o Custo Real foi superior ao Padrão e a variação será desfavorável; caso contrário, a variação será favorável.

Para que as variações fiquem devidamente caracterizadas nos registros contábeis, é indicado transferi-las para conta própria, debitando ou creditando a conta representativa do custo em formação e creditando ou debitando a conta representativa da respectiva variação.

d) Destino das variações

As variações apuradas, sejam favoráveis ou não, deverão ser estudadas separadamente por item componente do custo, para que possam ser devidamente sanadas visando às produções futuras.

No próprio mês, se relevantes, elas deverão ser alocadas:

- parte para os estoques de produtos em elaboração;
- parte para os estoques de produtos acabados;
- parte para o custo dos produtos vendidos.

Essas transferências serão efetuadas debitando-se as contas representativas dos estoques de produtos em elaboração; dos estoques de produtos acabados ou do custo dos produtos vendidos e creditando-se a conta que registrou a respectiva variação.

EXEMPLO PRÁTICO

nota
- Apresentaremos um exemplo prático sem muitos detalhes, evidenciando apenas os grupos principais das contas representativas do custo de fabricação. O objetivo é que você possa sedimentar de maneira rápida o mecanismo de contabilização do Custo-padrão.

Considere as seguintes informações relativas ao processo produtivo da Companhia Industrial Bogotá S/A, referentes ao mês de outubro de X1:

1) Produção iniciada e acabada no mês: 1.000 unidades do produto A.
2) Custo-padrão:
   Matéria-prima por unidade: 4 quilos × $ 5 = $ 20
   Mão de Obra Direta por unidade: 2 horas × $6 = $ 12
   CIF Fixos $ 4.000
   CIF variável por unidade: $1 × 1.000 unidades = $ 1.000
3) A metade da produção de outubro foi vendida à vista, ao preço unitário de $ 50.
4) Custos Reais:
   Matéria-prima: 4.040 quilos × $ 5 = $ 20.200
   Mão de Obra Direta: 2.100 h/h × $ 6 = $ 12.600
   CIF Fixos = $ 4.000
   CIF variável = $ 1.020

Considerando que todos os custos incorridos no período foram pagos em dinheiro, veja como os fatos serão contabilizados, observando o esquema sugerido na Seção 7.5 deste capítulo.

SOLUÇÃO

a) Cálculo do Custo-padrão para 1.000 unidades produzidas

Matéria-prima: 1.000 unidades × $20,00	20.000
Mão de Obra Direta: 2.000 H/M × $ 6,00	12.000
= Custo-padrão Primário	32.000
CIF Fixos	4.000
CIF Variáveis: 1.000 unidades × $ 1	1.000
= Custo-padrão total para 1.000 unidades do produto A	37.000

nota
- Note que em relação aos CIF fixos e variáveis, no presente exemplo, tendo em vista que serão atribuídos a um só lote de produtos e de uma só vez, não nos preocupamos com o cálculo da taxa de CIF estimada (padrão). Orientamos, no entanto, nos casos de atribuição de CIF para vários produtos ou lotes em datas diferentes, a adoção da taxa de aplicação de CIF. Dado o caráter introdutório da presente obra, essa taxa não foi estudada.

144 Noções de Custo

EXEMPLO PRÁTICO

b) Contabilização do Custo-padrão

(1) Estoque de Produtos Acabados – Produto A
   a Custo em Formação – Produto A   37.000

c) Contabilização da venda de metade da produção

(2) Caixa
   a Vendas de Produtos   25.000

(3) Custo dos Produtos Vendidos
   a Estoque de Produtos Acabados – Produto A
       Pelo valor padrão   18.500

d) Cálculo do custo real para 1.000 unidades produzidas

Matéria-prima: 4.040 quilos x $ 5,00	20.200
Mão de Obra Direta: 2.100 h/h x $ 6,00	12.600
= Custo Real Primário	32.800
CIF Fixos	4.000
CIF variável	1.020
= Custo Real Total	37.280

e) Contabilização do Custo Real

(4) Diversos
   a Caixa

Matéria-prima	20.200	
Mão de Obra Direta	12.600	
CIF Fixos	4.000	
CIF Variável	1.020	37.820

(5) Custo em Formação – Produto A
   a Diversos

a Matéria-prima	20.200	
a Mão de Obra Direta	12.600	
a CIF Fixos	4.000	
a CIF Variável	1.020	37.820

EXEMPLO PRÁTICO

Após os cinco lançamentos efetuados, a conta que registra o custo em formação do Produto A apresenta saldo devedor de $ 820. Sendo o Custo Real superior ao Padrão, a diferença encontrada representa uma variação desfavorável.

É importante salientar novamente que se trata de um exemplo prático com poucos dados, para que você compreenda com facilidade o mecanismo que envolve a apuração e o registro do custo de fabricação quando adotado o Custo-padrão. No entanto, como mostrado em exemplos práticos de capítulos anteriores, o custo de fabricação abrange muitos itens, tanto em relação aos custos diretos quanto aos indiretos. Assim, é conveniente que a empresa fixe Custo-padrão para cada item e, por meio de mapas ou mesmo com registros contábeis, acompanhe as variações com detalhes e tome as providências cabíveis em cada caso para que o padrão fique cada vez mais próximo do real.

No exemplo em estudo, apareceram apenas variações desfavoráveis. No entanto, para um mesmo produto, é possível encontrar itens componentes do custo com variações favoráveis e itens com variações desfavoráveis. Vejamos, então, a composição da variação negativa de $ 820.

APURAÇÃO DA VARIAÇÃO EM VALORES			
ITENS DO CUSTO	PADRÃO	REAL	VARIAÇÃO
Matéria-prima	20.000	20.200	(200)
Mão de Obra Direta	12.000	12.600	(600)
CIF Fixos	4.000	4.000	—
CIF Variável	1.000	1.020	(20)
Total das Variações	—	—	(820)

APURAÇÃO DA VARIAÇÃO EM QUANTIDADES (CUSTOS DIRETOS)			
ITENS DO CUSTO	PADRÃO	REAL	VARIAÇÃO
Matéria-prima	4.000 kg	4.040 kg	(40 kg)
Mão de Obra Direta	2.000 H/M	2.100 H/M	(100 H/M)

Para fins de análise das variações, será sempre importante conjugar as variações em valores com as variações em quantidade. Elas poderão ocorrer somente em valores; somente em quantidades; ou em valores e em quantidades ao mesmo tempo.

Assim, uma vez apuradas as variações, elas deverão ser contabilizadas para que o custo de fabricação reflita os valores efetivamente incorridos no período. Entretanto, não basta apurar as variações e realizar os ajustes contábeis. Para que os valores padrão sirvam como elementos de controle, será necessária uma análise minuciosa para identificar as causas que provocaram as variações.

Noções de Custo

EXEMPLO PRÁTICO

Desse modo, uma vez identificados os motivos, a empresa deverá tomar as providências necessárias para que, nos períodos seguintes, o Custo-padrão fique bem próximo do Real.

É importante salientar que as análises das variações entre o Custo-padrão e o Real apresentam melhores resultados quando efetuadas por quantidades ou valores unitários.

É bom lembrar também que os custos diretos são variáveis em função do volume produzido e são fixos por unidade. Já os custos indiretos são fixos independentemente do volume produzido, porém são variáveis em relação a cada unidade produzida. Na análise, não se pode esquecer de que os custos indiretos possuem uma parcela que varia em função do volume produzido.

Portanto, na análise das variações, é muito importante a conjugação da variação em valor com a variação em quantidade.

f) Contabilização da Variação
   (4) Variação Desfavorável
        a Custo em Formação – Produto A   820

        _____   _____

g) Rateio da Variação Desfavorável
   (7) Diversos
        a Variação Desfavorável
             Estoque de produtos Acabados   410
             Custo dos Produtos Vendidos   410   820

        _____   _____

> **Observação**
>
> ▸ Observe que, no presente exemplo prático, decidimos por ratear a variação desfavorável entre o custo do estoque de produtos acabados e o custo dos produtos vendidos, uma vez que parte da produção permanece estocada e parte foi vendida. Lembramos que nos casos de variações irrelevantes, elas poderão permanecer nas contas próprias, sejam favoráveis ou desfavoráveis para que no final do exercício social sejam transferidas diretamente para o resultado.

A contabilização do Custo-padrão é uma tarefa relativamente simples. A apuração e a análise das variações entre o padrão e o real são fundamentais na adoção do Custo-padrão. Isso pode ocorrer em relação aos valores e às quantidades. O Custo-padrão serve de instrumento de controle e para auxiliar a administração da empresa nas tomadas de decisões.

Atividades Teóricas

1. **Responda:**
   1.1 Apresente o conceito de Custo-padrão.
   1.2 Apresente o conceito de Custo Real.
   1.3 Cite duas das finalidades do Custo-padrão.
   1.4 Cite três fatores internos que podem provocar variações entre o Custo-padrão e o Custo Real.
   1.5 Como se denominam as variações nas ocasiões em que a empresa decide contabilizar o Custo-padrão, baixando contabilmente os créditos das contas representativas do custo em formação de cada produto, pelo valor padrão e lançando os custos reais a débito dessas mesmas contas, quando apresentarem saldo devedor?

2. **Classifique as afirmativas em falsas (F) ou verdadeiras (V):**
   2.1 ( ) O Custo-padrão é um custo estimado.
   2.2 ( ) O Custo Histórico é o efetivamente incorrido no período.
   2.3 ( ) O Custo-padrão é o que ocorre efetivamente no processo de produção.
   2.4 ( ) O Custo Real é o desejado.
   2.5 ( ) O Custo-padrão ideal constitui meta a ser atingida pela empresa, visando à otimização da produção e buscando maior qualidade e menor custo.
   2.6 ( ) Melhores resultados são obtidos quando se utiliza o Custo-padrão sem muitos detalhes.
   2.7 ( ) Melhores resultados serão obtidos quando o Custo-padrão for analisado detalhadamente, por item componente de cada elemento do custo.
   2.8 ( ) As variações serão desfavoráveis quando o saldo da conta Custo em Formação apresentar saldo credor.
   2.9 ( ) Os motivos que provocam variações entre o Custo Real e o Custo-padrão devem ser eliminados para que o Custo-padrão seja sempre igual ao real.
   2.10 ( ) São favoráveis as variações positivas e são desfavoráveis as variações negativas entre o padrão e o real.
   2.11 ( ) São denominadas mistas as variações ocorridas tanto em relação a valores quanto em relação a quantidades.
   2.12 ( ) O Custo Padrão quando contabilizado tem mais importância que aquele apenas acompanhado e calculado extracontabilmente.

3. **Escolha a alternativa correta:**
   3.1 O Custo-padrão tem por finalidade:
      a) servir de parâmetro para o custo real.
      b) possibilitar o acompanhamento do desempenho da produção visando atingir o modelo ideal.
      c) permitir a fixação do preço de venda.
      d) servir de instrumento de controle do processo produtivo.
      e) Todas as alternativas estão corretas.
   3.2 Constitui meta de curto prazo:
      a) Custo Padrão corrente.
      b) Custo Padrão ideal.

    c) Custo Real.

    d) Custo Histórico.

    e) Todas as alternativas estão incorretas.

3.3 Constitui meta de longo prazo:

    a) Custo Padrão corrente.

    b) Custo Padrão ideal.

    c) Custo Real.

    d) Custo Histórico.

    e) Todas as alternativas estão incorretas.

3.4 O que provoca variação entre o Custo Padrão e o Real, porém a empresa nada pode fazer para regularizar?

    a) Quebra de máquinas.

    b) Má qualidade da matéria-prima aplicada.

    c) Horas-homem ociosas.

    d) Reajustes de preços decorrentes de inflação.

    e) Todas as alternativas estão incorretas.

3.5 As variações favoráveis ou desfavoráveis relevantes apuradas entre o Custo Padrão e o Real terão o seguinte destino:

    a) Permanecerão contabilizadas nas contas próprias para que no final do exercício sejam transferidas diretamente para o resultado.

    b) Deverão ser rateadas entre os estoques de produtos em elaboração e acabados e o custo dos produtos vendidos.

    c) Deverão ser incorporadas diretamente ao custo dos produtos vendidos.

    d) As alternativas "a" e "b" estão incorretas.

    e) Todas as alternativas estão incorretas.

3.6 As variações favoráveis ou desfavoráveis irrelevantes apuradas entre o Custo Padrão e o Real terão o seguinte destino:

    a) Permanecerão contabilizadas nas contas próprias, para que no final do exercício sejam transferidas diretamente para o resultado.

    b) Deverão ser rateadas entre os estoques de produtos em elaboração e acabados e o custo dos produtos vendidos.

    c) Deverão ser incorporadas diretamente ao custo dos produtos vendidos.

    d) As alternativas "a" e "b" estão incorretas

    e) Todas as alternativas estão incorretas.

3.7 Justificam variações entre o Custo Padrão e o Real:

    a) Horas-homem ociosas.

    b) Baixa qualidade dos materiais utilizados na fabricação.

    c) Baixa qualidade dos equipamentos de processamento de dados utilizados no setor de vendas dos produtos.

    d) Reajustes de salários.

    e) Somente a alternativa "c" está incorreta.

Capítulo 7 · Custo-padrão

3.8 Em relação ao Custo Padrão, podemos afirmar que:
a) deverá ser obrigatoriamente contabilizado.
b) deverá sempre coincidir com o custo real.
c) quando a empresa decidir pela sua contabilização, os registros contábeis deverão ser feitos com os maiores detalhes possíveis.
d) deve ser atingido sempre a longo prazo, seja o denominado como corrente ou como ideal.
e) Todas as alternativas estão incorretas.

Atividades Práticas

Considere as seguintes informações extraídas do controle interno da Companhia Industrial Quito S/A, relativas ao mês de maio de X1:

1. Valores padrão fixados para a produção de 10 unidades do produto BRC:
   - Matéria-prima: 1,5 metro por unidade × $ 10 por metro
   - Materiais Secundários: 100 gramas por unidade × $ 0,02 por grama
   - Mão de Obra direta: 1 hora-homem por unidade × $ 7 por hora
   - CIF fixos: $ 300.
   - CIF variáveis: $ 2 por unidade.

2. Toda a produção de 100 unidades do produto BRC foi vendida à vista por $ 40 a unidade.

3. Custos Reais:
   - Matéria-prima: 1,6 metro por unidade × $ 11 por metro
   - Materiais Secundários: 100 gramas por unidade × $ 0,022 por grama
   - Mão de Obra direta: 1 hora-homem por unidade × $ 7 por hora
   - CIF fixos: $ 310.
   - CIF variáveis: $ 1,80 por unidade.

4. Foram fabricadas e vendidas 100 unidades do produto BRC. Não havia estoque de produtos em elaboração no início e no final do mês.

Pede-se para contabilizar o movimento relativo ao mês de maio, observando o esquema apresentado na Seção 7.4 deste livro e considerando ainda:

a) A empresa contabiliza o Custo-padrão.
b) Todos os custos incorridos foram pagos em dinheiro.
c) As possíveis variações deverão ser transferidas totalmente para o custo dos produtos, já que toda produção foi vendida no próprio mês.

CAPÍTULO

8 ▶

PONTO DE EQUILÍBRIO

8.1 Conceito e finalidade

Ponto de equilíbrio (*break-even point*, em inglês) é o estágio alcançado por uma empresa quando as receitas totais se igualam aos custos e às despesas totais.

PE: RT = CDT

Em que:
PE = Ponto de Equilíbrio.
CDT = Custos e Despesas Totais.

Nesse estágio, a situação econômica da empresa estará em pleno equilíbrio, isto é, o volume de vendas é suficiente para cobrir os custos e as despesas totais, não havendo lucro nem prejuízo.

Quando a empresa trabalha com volume de vendas abaixo do seu ponto de equilíbrio, significa que não está conseguindo cobrir seus custos e suas despesas totais. Nesse caso, tecnicamente, dizemos que a empresa se encontra no campo de prejuízo; quando seu volume de vendas supera o estágio do ponto de equilíbrio, estará no campo do lucro.

O ponto de equilíbrio alcançado por uma empresa não é um estágio fixo que se aplica a todas empresas e em todos momentos. Cada empresa terá seu ponto de equilíbrio, o qual poderá se referir ao movimento global da empresa ou apenas a uma de suas atividades ou seus produtos.

O ponto de equilíbrio tem outras denominações, como ponto de nivelamento, ponto neutro, ponto de ruptura etc.

Nas empresas industriais, o ponto de equilíbrio indica o volume mínimo que a empresa precisa produzir e vender para que consiga pelo menos cobrir seus custos e suas despesas totais.

Portanto, o ponto de equilíbrio será calculado cotejando a receita total derivada da venda de produtos fabricados pela empresa com os custos e as despesas necessários para alcançar essas receitas.

8.2 Importância do ponto de equilíbrio na atividade industrial

Você já aprendeu que a empresa industrial alcança o ponto de equilíbrio em relação à sua atividade principal quando as suas receitas totais derivadas da venda de produtos forem iguais aos custos e às despesas totais.

No entanto, ainda que a receita auferida pela empresa no ponto de equilíbrio seja suficiente para cobrir seus custos e suas despesas totais, ela não é considerada ideal, pois, se não gerar lucro, não proporcionará retorno do capital investido. Nesse caso, os investidores (titular, sócios ou acionistas) perderão os juros que o capital por eles investido na empresa renderia se fosse destinado a outras aplicações no mercado financeiro (poupança, fundos de investimentos etc.) ou no mercado de capitais (ações, quotas, debênture etc.).

Portanto, a situação econômica da empresa industrial será considerada favorável quando as receitas derivadas da venda de seus produtos estiverem acima do ponto de equilíbrio.

O lucro começa a ser gerado a partir da primeira unidade de produto vendida acima da quantidade necessária para atingir o ponto de equilíbrio.

Noções de Custo

Você já sabe que, ao fixar o preço de venda de um produto, os gestores (administradores) da empresa preverão uma receita que seja suficiente para cobrir os custos incorridos na fabricação, as despesas dos setores administrativo e comercial e ainda obter uma margem de lucro.

Então, o Preço de Venda (PV) de um produto pode ser assim representado:

PV = CUSTOS + DESPESAS + MARGEM DE LUCRO

No estágio do ponto de equilíbrio, em que a empresa não obtém lucro nem prejuízo, o preço de venda será assim representado:

PV = CUSTOS + DESPESAS

Conhecendo o volume de vendas necessário para cobrir os Custos e as Despesas Totais, cada unidade de produto vendida acima desse volume oferecerá uma margem de lucro à empresa.

Imagine determinada empresa industrial que fabrique apenas um tipo de produto (denominaremos de produto X), alcançando um preço de venda igual a $ 20 por unidade. Para fabricar e vender 100 unidades desse produto, a empresa tem os seguintes gastos:

- Custos variáveis: $ 12 por unidade = $ 1.200
- Custos fixos: $ 200
- Despesas fixas: $ 600
- Custo Total $ 2.000

Nesse caso, teremos:

- Receitas totais: 100 unidades × $ 20 = $ 2.000
- (–) Custos e Despesas Totais ($ 2.000)
- (=) Diferença ZERO

Representação gráfica do ponto de equilíbrio

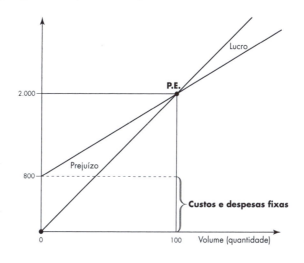

Capítulo 8 • Ponto de Equilíbrio

Observe que a 101ª unidade do produto a ser produzida e vendida começará proporcionar uma margem de lucro para a empresa.

Vendendo 101 unidades e mantidos os custos e as despesas totais, exceto o acréscimo de custos variáveis correspondente à unidade adicionalmente produzida e vendida ($ 12), teremos:

- Receita Total: 101 unidades × $ 20 = $ 2.020
- (–) Custos Variáveis: 101 × $ 12 ($ 1.212)
- (–) Custos Fixos: ($ 200)
- (–) Despesas Fixas: ($ 600)
- (=) Lucro: $ 8

Observe que os $ 8 de lucro auferido pela venda de uma unidade acima do ponto de equilíbrio equivale exatamente à margem de contribuição gerada pela venda da referida unidade.

A margem de contribuição unitária corresponde à diferença entre a receita bruta da venda de uma unidade e os custos e as despesas variáveis incorridos para fabricação e venda dessa unidade. Essa margem de contribuição deve ser suficiente para cobrir os custos e as despesas fixas e ainda gerar uma margem de lucro.

Até o momento de ponto de equilíbrio, a somatória das margens de contribuição dos produtos vendidos é suficiente apenas para cobrir os custos e as despesas fixas. A partir do momento em que os custos e as despesas fixas foram cobertos, a margem de contribuição unitária passa a representar lucro para a empresa. No caso em estudo, temos: RUT $ 20 – CVU $ 12 = MC $ 8.

Vamos supor que, para vender essa 101ª unidade, a empresa incorra em uma despesa variável (comissões a vendedores) no valor de $ 1. Nesse caso, a despesa variável também será subtraída da receita bruta para encontrar a margem de contribuição: $ 20 – $ 13 = MC $ 7.

Agora, cada uma das unidades do mesmo produto produzidas e vendidas acima do ponto de equilíbrio gerará uma margem de contribuição unitária de $ 7, que corresponderá ao lucro unitário.

Portanto, para a empresa, é fundamental conhecer o ponto de equilíbrio na atividade industrial, pois, assim, pode identificar a quantidade de produtos a ser fabricada e vendida para que seja possível cobrir os Custos e as Despesas Totais.

8.3 Tipos de Ponto de Equilíbrio

8.3.1 Introdução

No estudo do ponto de equilíbrio, alguns aspectos merecem atenção.

Quando a receita total se iguala aos custos e despesas totais, a empresa não obtém lucro nem tem prejuízo. Entretanto, conforme já vimos, nesse estágio, os proprietários (titular, sócios ou acionistas) incorrerão em um custo de oportunidade, deixando de ganhar os juros que o capital por eles investido na empresa lhes renderia se fosse destinado para outras aplicações no mercado financeiro ou no mercado de capitais. Por outro lado, no total dos custos e das despesas poderão estar incluídas despesas com depreciação, amortização, exaustão, apropriação de obrigações como férias e décimo terceiro salário devido mensalmente aos empregados, com a constituição de provisões etc., cujas despesas não correspondem a saídas de recursos financeiros no referido exercício. Nesse caso, mesmo a empresa operando abaixo do seu ponto de equilíbrio, não apresentará financeiramente resultado negativo.

Assim, a fórmula do ponto de equilíbrio poderá ser adaptada com a inclusão ou exclusão de dados visando a melhor adequação aos interesses de momento de seus usuários (proprietários, administradores, analistas etc.).

Os usuários, portanto, poderão desejar conhecer o volume a ser produzido e vendido para não obter lucro nem prejuízo; para cobrir todos seus custos e suas despesas e ainda sobrar uma margem de lucro suficiente para remunerar o capital investido pelos sócios; para cobrir somente os custos e as despesas financeiras, excluindo valores contabilizados no resultado com a constituição de provisões, com depreciação, amortização etc.; e para cobrir além dos custos e das despesas totais, juros e parcelas de financiamentos obtidos e ainda proporcionar lucro a serem distribuídos aos sócios etc.

Portanto, existem vários tipos de ponto de equilíbrio, tendo cada um seu objetivo a cumprir. Os mais conhecidos são Ponto de Equilíbrio Contábil (PEC), Ponto de Equilíbrio Econômico (PEE) e Ponto de Equilíbrio Financeiro (PEF).

8.3.2 Ponto de Equilíbrio Contábil (PEC)

Quando falamos em ponto de equilíbrio, de maneira geral, estamos nos referindo ao Ponto de Equilíbrio Contábil, ou seja, o estágio em que a receita total da empresa se iguala aos Custos e às Despesas Totais, não havendo contabilmente lucro ou prejuízo.

Veja a fórmula a seguir:

$$PEC = CDFT/MCU$$

Em que:

PEC = Ponto de Equilíbrio Contábil.
CDFT = Custos e Despesas Fixas Totais.
MCU = Margem de Contribuição Unitária.

A margem de contribuição unitária, por sua vez, é apurada pela fórmula:

$$MCU = RU - CDVU$$

Em que:

MCU = Margem de Contribuição Unitária.
RU = Receita Unitária.
CDVU = Custos e Despesas Variáveis por unidade.

E X E M P L O   P R Á T I C O

Considere os seguintes dados extraídos dos registros contábeis de uma empresa industrial em 31 de dezembro de X1:

- Custos mais despesas variáveis = $ 50 por unidade.
- Custos fixos mais despesas totais = $ 900.000 por ano.
- Preço de venda = $ 80 por unidade.

Pede-se: com os dados apresentados, calcular o ponto de equilíbrio contábil.

Solução:
Inicialmente, calcularemos a margem de contribuição unitária:

MCU = 80 – 50.
MCU = 30.

Agora, calcularemos o Ponto de Equilíbrio Contábil:

PEC = 900.000/30 = 30.000 unidades

Significa que, para atingir o Ponto de Equilíbrio Contábil, ou seja, para que a receita total seja suficiente para cobrir os custos e as despesas totais, a empresa precisa fabricar e vender 30.000 unidades do produto.
Se pretendermos conhecer o PEC em $, faremos:

$$30.000 \text{ unidades} \times \$ 80 = \$ 2.400.000$$

Quando essa empresa atingir a receita total com a venda de produtos de $ 2.400.000, terá alcançado o seu Ponto de Equilíbrio Contábil.

DEMONSTRAÇÃO DO PEC
Receita Total (30.000 × $ 80)	2.400.000
(–) Custos e Despesas Variáveis totais	
(30.000 × $ 50)	(1.500.000)
(=) Margem de Contribuição	900.000
(–) Custos e Despesas Fixas totais	(900.000)
(=) Margem de Lucro	ZERO

8.3.3 Ponto de Equilíbrio Econômico (PEE)

Ponto de Equilíbrio Econômico é o estágio alcançado pela empresa quando a receita total, derivada da venda de produtos, é suficiente para cobrir os custos e as despesas totais e ainda proporcionar uma margem de lucro aos proprietários, como remuneração do capital por eles investido na empresa.

Veja a fórmula a seguir:

$$PEE = CDFT + ML/MCU$$

Em que:
PEE = Ponto de equilíbrio econômico.
CDFT = Custos e Despesas Fixas Totais.
ML   = Margem de Lucro.
MCU = Margem de Contribuição Unitária.

Como vimos anteriormente, quando a empresa estiver operando exatamente no seu Ponto de Equilíbrio Contábil, os investidores (proprietários) deixarão de receber o juro do capital investido.

Além do retorno do capital investido, sabemos que os investidores almejam sempre um ganho real que proporcione lucros maiores que os oferecidos por outros investimentos disponíveis no mercado.

Dessa forma, o lucro desejado poderá corresponder a uma percentagem do capital investido, da receita bruta de vendas ou poderá, ainda, corresponder a outro valor fixado por critérios definidos conforme seus interesses.

Normalmente, quando uma pessoa investe no capital de uma empresa, ela deseja receber como remuneração pelo investimento efetuado os juros de mercado, no mínimo. Quando a empresa opera no Ponto de Equilíbrio Contábil, os investidores não recebem valor algum. Assim, surge o custo de oportunidade.

O custo de oportunidade corresponde ao valor dos rendimentos que se deixa de obter quando se aplica um recurso financeiro em uma atividade e, não, em outra.

EXEMPLO PRÁTICO

Vamos supor que Doroteia tenha disponível $ 100.000 e decida investir no capital de uma determinada sociedade.

No final de um ano da data do investimento, Doroteia recebe da sociedade dividendos no valor de $ 5.000 em virtude da sua participação no capital dessa empresa.

Tendo em vista que os investimentos em caderneta de poupança no referido período ofereceram rendimentos correspondentes a 6%, se Doroteia tivesse investido seu recurso financeiro nessa modalidade de aplicação, teria ganhado $ 1.000 a mais que no investimento que efetuou. Logo, o custo de oportunidade, nesse caso, corresponde a $ 1.000, ou seja, esse é o valor que Maria deixou de ganhar por ter aplicado no capital de uma empresa e, não, na caderneta de poupança.

O Ponto de Equilíbrio Econômico, portanto, permitirá que os investidores saibam o volume que deve ser produzido e vendido para cobrir custos e despesas totais, além de obter lucros e o retorno do capital que investiram na empresa, dentro das metas fixadas.

EXEMPLO PRÁTICO

Margem de lucro com base em porcentagem sobre o capital

Quando os proprietários desejarem obter lucro nas vendas de produtos com base em um percentual a ser aplicado sobre o capital investido, deverão definir esse percentual. Esse valor deve ser suficiente para recuperar as perdas decorrentes da inflação e garantir ainda um ganho real com base nas taxas de juros do mercado.

Aproveitando o exemplo anterior (Doroteia), suponhamos que o lucro pretendido seja de 20% do valor do capital investido na empresa. Supondo ainda que o valor do capital da empresa seja de $ 600.000, o valor do lucro desejado será 20% de $ 600.000 = $ 120.000.

Nesse caso, a fórmula do ponto de equilíbrio econômico será:

$$PEE = CDFT + ML/MCU$$

Em que:

ML = Margem de lucro desejada.

Com os dados anteriores, faremos:

$$PEE = 900.000 + 120.000/30 = 34.000$$

Assim, o Ponto de Equilíbrio Econômico será atingido com a produção e a venda de 34.000 unidades do produto.

Nesse caso, o ponto de equilíbrio econômico em $ será:

$$34.000 \text{ unidades} \times \$ 80 = \$ 2.720.000.$$

DEMONSTRAÇÃO DO PEE

Receita Total (34.000 unidades × $ 80)	2.720.000
(–) Custos e Despesas Variáveis (34.000 unidades × $ 50)	(1.700.000)
(=) Margem de Contribuição	1.020.000
(–) Custos e Despesas Fixas totais	(900.000)
(=) Margem de Lucro	120.000

8.3.4 Ponto de Equilíbrio Financeiro (PEF)

Ponto de Equilíbrio Financeiro é o estágio alcançado pela empresa quando a receita total auferida com a venda de produtos é suficiente para cobrir o total de custos e despesas totais menos o total de custos e despesas não financeiras.

Os custos e as despesas não financeiros são aqueles que, embora tenham sido considerados na apuração do resultado, integram o total dos custos e das despesas fixas, mas não correspondem a saídas financeiras da empresa. As despesas e os custos mais comuns são

Depreciação, Amortização, Exaustão, Despesas com Perdas Estimadas em Créditos de Liquidação Duvidosa, Despesas com Perdas para Ajuste ao valor de Mercado etc.

Veja a fórmula a seguir:

$$PEF = CDFT - CDNF/MCU$$

Em que:
- PEF = Ponto de equilíbrio financeiro.
- CDFT = Custos e despesas fixas totais.
- CDNF = Custos e Despesas não financeiros.
- MCU = Margem de contribuição unitária.

Ainda com base no exemplo apresentado na seção anterior, supondo que, dentre o total de custos e despesas fixas, $ 60.000 correspondam a despesas com depreciação e amortização. Assim, teremos:

$$PEF = 900.000 - 60.000/30$$
$$PEF = 28.000 \text{ unidades}$$

Para encontrar o Ponto de Equilíbrio Financeiro em $, faremos:

$$28.000 \text{ unidades} \times \$80 = \$ 2.240.000$$

DEMONSTRAÇÃO DO PEF
Receita Total (28.000 unidades × $ 80)	2.240.000
(–) Custos e Despesas Variáveis Totais (28.000 unidades $ 50)	(1.400.000)
(=) Margem de Contribuição	840.000
(–) Custos e Despesas Fixas	(900.000)
(=) Prejuízo	(60.000)

Observe que, no Ponto de Equilíbrio Financeiro, o prejuízo corresponde ao total dos custos e das despesas não financeiras. Significa que, embora haja prejuízo, o total das receitas auferidas no ponto de equilíbrio é suficiente para cobrir os gastos financeiros.

Atividades Teóricas

1. **Responda:**
   1.1 O que é ponto de equilíbrio?
   1.2 Qual é a finalidade do ponto de equilíbrio?
   1.3 Qual será o preço de venda unitário de um produto necessário para cobrir custos e despesas variáveis de $ 45; margem de contribuição de $25; e margem de lucro de 10% do preço de venda?

1.4 Qual é a grande importância do conhecimento do ponto de equilíbrio na atividade industrial?

1.5 O que é Ponto de Equilíbrio Contábil?

1.6 Apresente a fórmula para cálculo do Ponto de Equilíbrio Contábil.

1.7 O que é Ponto de Equilíbrio Econômico?

1.8 Apresente a fórmula para cálculo do Ponto de Equilíbrio Econômico.

1.9 O que é Ponto de Equilíbrio Financeiro?

1.10 Apresente a fórmula para cálculo do Ponto de Equilíbrio Financeiro.

2. **Classifique as afirmativas em falsas (F) ou verdadeiras (V):**

2.1 ( ) A receita total auferida pela empresa no estágio em que atinge o ponto de equilíbrio é considerada ideal.

2.2 ( ) Embora a receita total auferida pela empresa quando atinge o estágio do ponto de equilíbrio seja suficiente para cobrir seus custos e suas despesas totais, não é considerada ideal.

2.3 ( ) O lucro é identificado na empresa a partir da primeira unidade vendida acima do ponto de equilíbrio e corresponderá ao valor da receita bruta unitária.

2.4 ( ) Margem de contribuição é o mesmo que margem de lucro.

2.5 ( ) No estágio do ponto de equilíbrio, o preço de vendas é igual à somatória dos custos e das despesas totais.

2.6 ( ) A margem de contribuição unitária é apurada pela fórmula: PVU – RU – CDVU.

2.7 ( ) No Ponto de Equilíbrio Financeiro, o prejuízo corresponde ao total das despesas não financeiras.

2.8 ( ) No PEF, embora apresentando prejuízo, o total das receitas auferidas no ponto de equilíbrio é suficiente para cobrir os gastos financeiros.

3. **Escolha a alternativa correta:**

3.1 No ponto de equilíbrio, a situação econômica da empresa:

  a) será a ideal.

  b) revelará possibilidade de lucro.

  c) será positiva.

  d) será negativa.

  e) não revelará a existência de lucro nem de prejuízo.

3.2 É incorreto afirmar:

  a) Os investidores preferem que a empresa esteja sempre no estágio do Ponto de Equilíbrio Contábil.

  b) Os investidores preferem que a empresa esteja sempre no estágio do Ponto de Equilíbrio Econômico.

  c) Para os investidores, é indiferente a empresa encontrar-se no estágio do PEC, do PEE ou do PEF.

  d) Para os investidores, o volume produzido e vendido deve gerar retorno do capital investido.

  e) As afirmativas "b" e "d" estão incorretas.

3.3 O lucro que a primeira unidade vendida acima do ponto de equilíbrio contábil proporciona é igual:

a) à margem de contribuição unitária.

b) à receita bruta unitária.

c) à diferença entre a margem de contribuição unitária e os custos e as despesas fixas.

d) ao valor da receita bruta de vendas diminuído da margem de lucro.

e) Todas as alternativas estão incorretas.

3.4 Uma empresa industrial fabricou e vendeu 200 unidades de determinado produto. Considerando que os custos e as despesas variáveis corresponderam a $20 por unidade; que a margem de contribuição total alcançou $ 6.000; que os custos e as despesas fixas atingiram o montante de $ 5.000; e que o lucro por unidade correspondeu a $ 10% do preço de venda, assinale a alternativa que contém o preço de venda unitário:

a) $ 55.

b) $ 10.000.

c) $ 50.

d) Impossível calcular, pois faltam informações.

e) $ 10.

3.5 Proporcionar aos investidores o conhecimento do volume que deverão produzir e vender para cobrir os custos e as despesas totais, obter lucros e ainda o retorno do capital que investiram na empresa, dentro das metas fixadas, é a finalidade do:

a) ponto de equilíbrio.

b) Ponto de Equilíbrio Contábil.

c) Ponto de Equilíbrio Econômico.

d) Ponto de Equilíbrio Financeiro.

e) Todas as alternativas estão incorretas.

3.6 É correto afirmar que:

a) margem de segurança é a diferença entre a receita total auferida pela empresa e a receita no ponto de equilíbrio.

b) margem de contribuição unitária é a diferença entre o preço de venda unitário e o total dos custos e das despesas variáveis unitários.

c) margem de segurança é a quantidade vendida acima das quantidades do ponto de equilíbrio.

d) quando a empresa opera com margem de segurança, não estará na faixa de prejuízo.

e) Todas as alternativas estão corretas.

3.7 Considere as informações a seguir e escolha a afirmativa correta:

- Custos e Despesas fixas do período: $ 2.000.
- Preço de venda unitário: $ 30.
- Custo e despesa fixa unitária: $ 20.
- Unidades vendidas no período: $ 210.

a) Receita total auferida no período: $ 7.500.

b) Ponto de equilíbrio quantitativo: 200 unidades.

c) Margem de contribuição unitária: $ 10.
d) Margem de segurança em moeda: $ 1.500.
e) Todas as alternativas estão corretas.

3.8 O valor dos rendimentos que se deixa de obter, quando se aplica um recurso financeiro em uma atividade, e não em outra, denomina-se:
a) prejuízo.
b) margem de prejuízo.
c) custo de oportunidade.
d) alavancagem operacional.
e) Todas as alternativas estão incorretas.

Atividades Práticas

Prática 1

Considere os seguintes dados extraídos do controle interno de uma empresa industrial:

- Custos e Despesas Variáveis = $ 200 por unidade.
- Custos e Despesas Fixas totais = $ 40.000 por ano.
- Preço de venda = $ 300 por unidade.

Pede-se: calcular o ponto de equilíbrio contábil e elaborar a respectiva demonstração.

Prática 2

Calcular em quantidade e em valor o ponto de equilíbrio econômico, considerando as seguintes informações:

- Custos e Despesas Fixas Totais: $ 36.000.
- Preço de venda unitário: $ 200.
- Custos e Despesas variáveis (unitário): $ 120.
- Margem de lucro desejada: 5% do capital investido.
- Capital social da empresa: $ 80.000.

Prática 3

Calcular o ponto de equilíbrio financeiro em quantidade e em valor, considerando as seguintes informações:

- Custos e Despesas Fixas Totais: $ 15.000.
- Custo e Despesa Variável unitária: $$ 10.
- Preço de venda unitário: $ 20.
- Custos e despesas não financeiras: $ 1.000.

CAPÍTULO

9 ▶ FIXAÇÃO DO PREÇO DE VENDA

9.1 Introdução

Você já sabe que empresas são entidades econômicas que visam ao lucro. Sabe também que o lucro é a diferença positiva apurada entre o total das receitas realizadas em um determinado período e o total dos custos e das despesas incorridos, também no mesmo período.

Portanto, para que haja lucro, é preciso que o montante arrecadado pela empresa com as receitas em determinado período supere o montante de custos e despesas incorridos nesse mesmo período.

Você aprendeu também que as receitas auferidas pelas empresas podem ser provenientes da sua atividade principal e de outras atividades esporádicas ou regulares, porém diferentes da atividade principal.

Nas empresas industriais, as receitas derivadas da atividade principal são aquelas geradas pela venda de produtos fabricados internamente. As demais receitas podem ser fruto de aluguéis ou arrendamentos de bens móveis ou imóveis, cobrança de juros, descontos, participação no capital de outras sociedades, aplicações financeiras etc.

Assim, no fechamento de cada período, para apurar o resultado global, a empresa confrontará o total das receitas, tanto as decorrentes da atividade principal quanto as demais, com o total dos custos e despesas incorridos no período.

No entanto, o ideal é que as receitas decorrentes da atividade principal da empresa industrial sejam suficientes para cobrir os custos e as despesas totais. A empresa não deve considerar em seu planejamento operacional as receitas estranhas ao seu negócio, embora elas sejam importantes e devam ser exploradas. O dinheiro ocioso no caixa, aguardando datas para pagamentos, deve ser aplicado; bens em desuso devem ser locados. O planejamento operacional da empresa, porém, deve estar calcado sempre nas receitas derivadas da sua atividade principal.

Os estudos realizados para fixar os preços de vendas dos produtos devem desprezar as demais receitas e considerar somente a hipótese de que o montante das receitas seja formado pelas receitas auferidas nas vendas dos produtos.

Então, quando a empresa industrial planeja a fabricação de produtos para venda, ela espera que as receitas auferidas com a venda desses produtos sejam suficientes para cobrir os Custos, as Despesas Totais e ainda gerar lucro, sem que precise utilizar as demais receitas.

Ao fixar o preço de venda de um produto, o empresário preverá na receita de cada unidade a recuperação dos custos[1] e as despesas necessárias para fabricação e venda da referida unidade. Além disso, ele avalia uma parcela que possa contribuir para a cobertura parcial dos custos, as despesas fixas e a formação do lucro.

Podemos concluir, então, que:

PREÇO DE VENDA = CUSTOS + DESPESAS + LUCRO

---

[1] Nesse raciocínio, estamos considerando custos de fabricação somente os variáveis.

Noções de Custo

Portanto, para fixar o preço de venda de um produto, é preciso conhecer:

a) o custo de fabricação do referido produto (tanto o variável como o total);
b) as despesas que serão geradas pela venda do respectivo produto;
c) o montante das despesas necessárias para administrar e financiar;
d) a margem de lucro desejada.

Caso a empresa tenha optado em considerar custo de fabricação somente o variável (custeio variável), os custos fixos deverão ser tratados de forma semelhante às despesas fixas.

9.2 Composição do Preço de Venda

9.2.1 Custos

Você já sabe que custos são os gastos incorridos na fabricação dos produtos. Sabe também que, em relação aos produtos, os custos podem ser diretos e indiretos.

O levantamento dos custos diretos ou variáveis de cada produto não gera dificuldades, uma vez que a empresa deve encontrar meios para identificá-los em relação a cada produto fabricado. Assim, na ficha técnica própria para a apuração do preço de venda de cada produto (Seção 9.5), esses custos devem ser anotados. Já a identificação dos custos indiretos em relação a cada unidade de produto não é tarefa simples.

Para compor o preço de venda, o ideal é que a ficha técnica de apuração do preço de venda de cada unidade de produto contenha os custos diretos e indiretos devidamente calculados. No entanto, informamos que é mais fácil alocar os CIF após o fechamento de um período, quando são conhecidos todos os custos diretos e indiretos e as quantidades produzidas no respectivo período. Isso acontece porque o período já está encerrado e todos os custos são conhecidos, ainda que haja muitas barreiras. Ocorre, porém, que o preço de venda deve ser calculado antes do começo da produção, para que seja possível passar o orçamento para os clientes, no caso das fabricações por encomenda; no caso de produções normais, a empresa deve seguir seu planejamento rotineiro.

Além disso, é sempre importante lembrar que, ainda que os valores reais dos CIF sejam conhecidos, sempre será difícil alocá-los nos produtos. Isso acontece especialmente porque, sendo custos que beneficiam a fabricação de todos os produtos ao mesmo tempo, os produtos com maior volume de produção receberão carga maior de custos do que aqueles com volume menor.

Diante disso, a adoção do custeio variável é um procedimento que tem sido utilizado com resultados satisfatórios. Nesse caso, considera-se como custo de fabricação somente os custos variáveis; os custos fixos são tratados de forma semelhante que as despesas fixas. Assim, atribui-se um percentual sobre o preço de venda, ou seja, um valor suficiente para cobrir os custos fixos. Esse percentual será diferente em cada tipo de empresa industrial, uma vez que cada processo de fabricação possui características próprias. A solução encontrada é estimar, no primeiro período de fabricação, um percentual sobre o preço de venda e, frequentemente, acompanhar e ajustar esse percentual, conforme a realidade vivida pela indústria em cada momento.

Capítulo 9 · Fixação do Preço de Venda

9.2.2 Despesas

É importante lembrar que as despesas podem ser fixas ou variáveis. Nas empresas industriais, são variáveis aquelas que decorrem da venda dos produtos, como comissões a serem pagas a vendedores; fretes e seguros para entrega dos produtos; material de acondicionamento e embalagem; taxas cobradas pelas empresas administradoras de cartões de crédito, sobre as vendas feitas por meio de cartões de crédito; taxas de franquia cobradas pelas franqueadoras; taxas de financiamento, quando se tratar de vendas a prazo; tributo incidente sobre a movimentação financeira da venda; tributos que incidirão sobre as vendas; tributos incidentes sobre o lucro líquido etc.

Os percentuais de participação dessas despesas em relação ao preço de venda normalmente não causam problemas para serem definidos. As comissões dos vendedores, por exemplo, são fixadas pela empresa; os tributos que guardam proporções com o preço de venda também têm suas alíquotas fixadas pelo governo; as parcelas das vendas repassadas para as administradoras de cartões de crédito e para as detentoras das franquias são fixadas nos contratos firmados especificamente para essas operações. Resta, então, estimar percentuais para poucas despesas como fretes, material de embalagem e outras.

Quanto às despesas fixas, que ocorrem nas áreas administrativa e comercial, incluindo as despesas financeiras, deve-se estimar um percentual sobre o preço de venda que seja suficiente para cobri-las.

Consideram-se fixas as despesas que independem do volume da produção e venda e se repetem em todos os meses do ano. É evidente que essas despesas podem sofrer variações. No entanto, pode-se calcular o percentual do seu montante em relação à receita bruta de vendas total e atribuí-lo para cada unidade de produto fabricada. Também, nesse caso, é conveniente acompanhar frequentemente os percentuais em relação à receita de vendas para fazer os ajustes necessários.

9.2.3 Margem de lucro

O lucro ou margem de lucro é a parcela da receita da venda de produtos que supera o montante dos custos e das despesas.

Normalmente, a empresa fixa um percentual sobre o preço de venda que corresponderá à margem de lucro desejada.

A margem de lucro deve ser suficiente para proporcionar aos proprietários retorno do capital investido e remuneração desse capital em proporções iguais ou melhores que os juros praticados no mercado.

Ao aplicar volumosas importâncias na composição do capital de uma empresa, o investidor almeja obter, além de ganhos com juros, o retorno desse montante, em um prazo que pode ser de cinco, dez ou mais anos. Esse prazo pode variar em função do valor investido e das próprias características que envolvam o ramo de atividade da empresa ou do momento econômico do país.

É importante destacar que do resultado do exercício após a tributação, antes da distribuição aos sócios, algumas parcelas ainda são retidas visando às participações de empregados, administradores, debenturistas etc., bem como a formação de reservas. Assim, todos esses valores, embora não guardem proporção com o preço de venda, podem estar previstos na formação do preço de venda de cada produto.

Noções de Custo

9.3 Cálculo do Preço de Venda

Vimos que o preço de venda de um produto é composto por custo, despesa e lucro.

Preço de Venda (PV) = Custos (C) + Despesas (D) + Lucro (L)

Desses três elementos, antes de iniciado o processo de fabricação, o montante do custo variável unitário pode ser previsto em $, com segurança; enquanto os custos fixos, as despesas fixas e variáveis e a margem de lucro unitários somente podem ser previstos na forma de percentuais sobre o preço de venda, o qual, até então, também não é conhecido.

Lembramos mais uma vez que, para o cálculo do preço de venda, pode-se partir do custo variável unitário (custeio variável) ou do custo total unitário (custeio por absorção).

Assim, podemos desdobrar a fórmula para apuração do preço de venda, como segue:

PVU = CVU + CFU + DVU + DFU + MLU

Em que:
PVU = Preço de Venda Unitário.
CVU = Custo Variável Unitário.
CFU = Custo Fixo Unitário.
DVU = Despesa Variável Unitária.
DFU = Despesa Fixa Unitária.
MLU = Margem de Lucro Unitária.

É importante lembrar que, no cálculo do preço de venda, o custo variável unitário é o único dos elementos conhecido em valores, uma vez que os demais são estimados em percentuais em relação ao preço de venda.

Portanto, ao fixar o preço de venda, a empresa deve partir sempre do custo variável unitário e adicionar a ele os valores necessários à recuperação dos custos fixos, das despesas fixas e variáveis e para formar a margem de lucro.

Essa margem composta por custos fixos, despesas fixas e variáveis e margem de lucro que deve ser adicionada ao custo de fabricação para se obter o preço de venda, é conhecida por *markup*, palavra de origem inglesa cujo significado pode ser traduzido como sendo a diferença entre o custo total de produção de um produto (estamos adotando aqui o custo variável somente) e seu preço de venda.

Vamos supor que uma empresa tenha, com base no seu controle interno, definido os seguintes valores para compor o preço de venda de uma unidade do produto X:

- Custos variáveis por unidade:

Matéria-prima	$ 10
Materiais Secundários	$ 3
Material de Acondicionamento e Embalagem	$ 1
Mão de Obra Direta	$ 6
CVU Total	$ 20

Capítulo 9 • Fixação do Preço de Venda

- Comissões a vendedores — 3% s/ PV
- Tributos incidentes sobre vendas e sobre o lucro — 22% s/ PV
- Custos Fixos — $ 13% s/ PV
- Despesas Fixas — 7% s/PV
- Margem de Lucro desejada — 15% s/ PV

Uma vez conhecido o custo unitário variável e fixados os percentuais relativos às despesas variáveis, aos custos e às despesas fixas, bem como à margem de lucro desejada, veja como é fácil chegar ao preço de venda unitário:

$$PVU = \$\ 20 + (3\% + 22\% + 13\% + 7\% + 15\%)$$
$$PVU = \$\ 20 + 60\%$$

Como o PV é igual a 100%, temos que:

$$100\% = \$\ 20 + 60\%$$

Em que:
$$\$\ 20 = 100\% - 60\%$$
$$\$\ 20 = 40\%$$

Se encontramos que $20 correspondem a 40% do preço de venda, podemos encontrar o preço de venda que corresponde a 100% por meio de regra de três. Veja:

$$\$20 = 40\%$$
$$x = 100\%$$

Em que:
$$x = 100 \times 20/40 = \$50$$

Então, o preço de venda unitário será igual a $ 50.

Há uma maneira mais técnica para se encontrar o preço de venda, multiplicando-se ou dividindo-se o custo de fabricação por um indicador conhecido por *Markup* Multiplicador ou *Markup* Divisor.

9.4 Taxa de Marcação (*Markup* Multiplicador ou *Markup* Divisor)

Denomina-se taxa de Marcação (*Markup* Multiplicador ou *Markup* Divisor) o indicador que, aplicado sobre o custo unitário de fabricação de um produto, resulta no preço de venda do referido produto.

Para se calcular a taxa de marcação, deve-se incluir tudo que se pretende cobrar no preço de venda, exceto o próprio custo de fabricação do produto.

Portanto, é preciso integrar o cálculo da taxa de marcação, as despesas variáveis, as despesas e os custos fixos e a margem de lucro pretendida.

Noções de Custo

É sempre conveniente lembrar que estamos sugerindo que o custo de fabricação corresponda somente aos custos variáveis, pelas razões já expostas. Pode-se, porém, utilizar o custo unitário total; nesse caso, os custos fixos não serão incluídos no cálculo da taxa de marcação.

Para o cálculo da taxa de marcação, os itens incluídos no preço de venda devem ser apresentados em percentuais em relação ao próprio preço de venda.

Existem duas modalidades de taxa de marcação: *Markup* Multiplicador e *Markup* Divisor. Ambos levam ao mesmo resultado.

EXEMPLO PRÁTICO

Vamos aproveitar os mesmos dados apresentados na seção anterior.

Inicialmente, calcularemos a taxa de marcação pela modalidade *Markup* Multiplicador. Acompanhe:

Fórmula: *Markup* Multiplicador = 100/(100 – %DV + %CF + %DF + %ML)

Desenvolvendo a fórmula, temos:

a) Somatória dos percentuais de participação no preço de venda de cada elemento, conforme interesse da empresa:
   - Comissões a vendedores: 3%
     (+) Tributos incidentes sobre vendas e sobre o lucro: 22%
     (+) Custos Fixos: 13%
     (+) Despesas Fixas: 7%
     (+) Margem de lucro: 15%
     (=) Total 60%
b) Subtrair de 100%, a somatória dos percentuais apurada na letra "a" – 100% – 60% = 40%.
c) Dividir 100 pelo resultado apurado no cálculo da letra "b" – 100%/40% = 2,5. Esse resultado apurado de 2,5 é o *markup* multiplicador.
d) Multiplicar o custo unitário pelo *markup* multiplicador, para se encontrar o preço de venda unitário: $ 20 × 2,5 = $ 50. Logo, o preço de venda unitário será de $ 50.

Observe, agora, a apuração do preço de venda pelo *Markup* Divisor.
Veja a fórmula a seguir:

Markup Divisor = 1 – (%DV + %CF + %DF + %ML/100)

Desenvolvendo a fórmula, temos:

a) Somatória dos percentuais de participação no preço de venda de cada elemento, conforme interesse da empresa, é a mesma somatória apurada na letra "a" do cálculo do *Markup* Multiplicador: 60%.
b) Dividir a somatória dos percentuais por 100 – 60%/100 = 0,60.
C) Subtrair de "1" o resultado apurado no cálculo da letra "b" – 1 – 0,60 = 0,40. O resultado obtido por essa operação, que foi 0,40, denomina-se *Markup* Divisor.

Capítulo 9 • Fixação do Preço de Venda

> **EXEMPLO PRÁTICO**
>
> d) Dividir o custo unitário pelo *Markup* Divisor $ 20/0,40 = $ 50. Logo, $ 50 será o preço de venda unitário.

> **nota**
> - No caso de empresa comercial, os critérios para a fixação do preço de venda das mercadorias são os mesmos tratados neste capítulo. Nesse caso, em substituição ao custo de fabricação, o valor a ser multiplicado ou dividido pela taxa de marcação *Markup* Multiplicador ou *Markup* Divisor será o custo da compra da referida mercadoria. O custo da compra corresponde ao valor pago ou devido ao fornecedor das mercadorias, influenciado pelos fatos que alteram o valor da compra, conforme estudamos na Seção 4.5 do Capítulo 4. Para evitar surpresas (e sempre que o mercado permitir), o ideal é partir sempre do custo de reposição. Quando as vendas forem efetuadas a prazo, será necessário também incluir no cálculo da taxa de marcação, a taxa de inflação prevista e o preço do uso do dinheiro, para compensar a empresa durante o tempo de espera para receber o valor da venda.

9.5 Ficha Técnica

As empresas industriais que trabalham com encomendas, especificamente aquelas do ramo têxtil, costumam fabricar uma grande quantidade de produtos. Assim, rotineiramente elaboram fichas técnicas com informações que facilitam o cálculo do preço de venda.

Veja, a seguir, um modelo que pode ser utilizado para qualquer tipo de produto, desde que sejam feitas as devidas adaptações para cada caso em particular.

Para exemplificar, o modelo de Ficha Técnica a seguir está devidamente preenchido com os dados utilizados nos exemplos práticos das Seções 9.3 e 9.4.

FICHA TÉCNICA	
PRODUTO:	CÓDIGO:
ESTAMPA:	COR:
TAMANHO:	
1. Custos Variáveis	
Matéria-Prima	$ 10
(+) Materiais Secundários	$ 3
(+) Materiais de Acondicionamento e Embalagem	$ 1
(+) Mão de Obra Direta	$ 6
(=) CVU Total	$ 20
2. Custos Fixos (% s/ PV)	13%
3. Despesas Fixas (% s/ PV)	7%
4. Despesas Variáveis	
Comissões a Vendedores (% s/ PV)	3%
(+) Tributos (s/ PV)	22%
5. Margem de Lucro desejada (% s/ PV)	15%
Total (2 + 3 + 4 + 5)	60%
6. Cálculo do *Markup* Multiplicador: 100/(100 − Total % s/ PV) = 100/40 = 2,5	
7. Preço de Venda Unitário: $ 20 × 2,5 = $ 50	

170   Noções de Custo

notas

- A Ficha Técnica representa apenas uma sugestão, cujo objetivo é fazer um cálculo prévio do preço de venda unitário. Esse modelo pode ser ajustado com a inclusão ou exclusão de dados para atender às necessidades de cada empresa.

- O modelo de ficha em questão pode ser adaptado também para permitir o acompanhamento dos custos reais incorridos durante o processo de fabricação de cada unidade, lote, família ou grupo de produtos.

- Finalmente, é importante salientar que existem softwares próprios para o controle de custos disponíveis no mercado, que possibilitam o registro detalhado dos componentes do custo de fabricação que se ajustam às necessidades de cada empresa.

9.6 Considerações finais

Vimos que, para fixar o preço de venda, precisamos conhecer o custo de fabricação de um produto. Em seguida, sugerimos a adoção do custeio variável. Apresentamos o montante de custos fixos, despesas variáveis, despesas fixas e margem de lucro pretendida pela empresa.

Mesmo considerando as dificuldades encontradas no levantamento desses dados, a atribuição do preço de venda aos produtos parece constituir tarefa relativamente simples. Seria realmente uma tarefa simples se o mercado reagisse de forma positiva, aceitando os limites impostos conforme as necessidades e os próprios interesses da empresa.

Não resta dúvida de que o primeiro passo para a fixação do preço de venda é fundamentá-lo nas ocorrências internas. Isto é, deve-se observar a empresa internamente, com o intuito de se chegar a determinado valor que cubra os custos pagos a terceiros na compra de materiais, e que compense os esforços dispendidos pela empresa na fabricação e na venda do produto.

O preço de venda de um produto nunca deve ser inferior aos custos incorridos na sua fabricação. Se isso ocorrer com um ou vários produtos, deve-se decidir pela descontinuidade do processo de fabricação. É importante considerar os casos em que, por razões mercadológicas, a empresa decide fabricar e vender produtos com pequena ou nenhuma margem de lucro, apenas para garantir a comercialização de outros que se lhes apresentem mais rentáveis.

Não basta a empresa desejar e lançar um produto no mercado com um preço para atender somente aos interesses internos. É preciso considerar as influências externas como a concorrência, a inflação, o momento econômico do país, além de muitos outros fatores.

No entanto, ainda que se considere a existência de fatores externos, a empresa precisa fazer levantamentos internos com base no custo e nas despesas previstas, além de fixar a margem de lucro. A partir desse dado, é importante estudar o mercado (não abordamos esse conteúdo no livro, pois integram o conteúdo programático de outras disciplinas).

Capítulo 9 · Fixação do Preço de Venda

Atividades Teóricas ❶

1. **Responda:**

   1.1 Por que o custo variável unitário deve substituir o custo total unitário no cálculo do preço de venda?

   1.2 Cite quatro tipos de despesas variáveis.

   1.3 Apresente a fórmula para o cálculo do PVU.

   1.4 O que é *Markup*?

   1.5 O que pode ser incluído no cálculo da taxa de marcação?

   1.6 Apresente a fórmula do *Markup* Multiplicador.

   1.7 Apresente a fórmula do *Markup* Divisor.

2. **Classifique as afirmativas em falsas (F) ou verdadeiras (V):**

   2.1 ( ) No final do exercício social, o lucro apurado por uma empresa industrial conterá parcelas de todas as receitas realizadas no respectivo exercício.

   2.2 ( ) O planejamento operacional da empresa deve estar calcado sempre nas receitas derivadas da sua atividade principal.

   2.3 ( ) Quando a empresa industrial planeja a fabricação de produtos para venda, ela espera que as receitas auferidas com essas vendas sejam suficientes para cobrir os custos, as despesas totais e ainda proporcionar lucro.

   2.4 ( ) Preço de venda é igual a custos + despesa + lucro.

   2.5 ( ) Em relação aos custos fixos, o ideal será atribuir um percentual sobre o PV, cujo percentual não precisará ser revisado frequentemente.

   2.6 ( ) As despesas variáveis são aquelas que ocorrem em função da venda dos produtos.

   2.7 ( ) Em relação aos tributos, deverá integrar o montante para fins de se estimar o percentual sobre o preço de venda, não só os tributos incidentes sobre o faturamento como também aqueles incidentes sobre o lucro líquido.

   2.8 ( ) Existem duas modalidades de taxa de marcação: *Markup* Divisor e *Markup* Multiplicador.

3. **Escolha a alternativa correta:**

   3.1 Ao fixar o preço de venda de um produto, o empresário preverá na receita de cada unidade:

   a) a recuperação dos custos e despesas necessários a fabricação e venda da referida unidade, além de uma parcela que possa contribuir para a cobertura de parte dos custos e despesas fixas e com a formação do lucro.

   b) a recuperação dos custos e despesas totais, além da formação da margem de lucro.

   c) a cobertura da margem de contribuição fixada.

   d) As alternativas "a" e "c" estão corretas.

   e) Todas as alternativas estão incorretas.

   3.2 Para fixar o preço de venda de um produto, é preciso conhecer:

   a) o custo de fabricação do referido produto (se o variável ou se o total).

   b) as despesas que serão geradas pela venda do respectivo produto.

   c) o montante das despesas necessárias para administrar e financiar.

   d) a margem de lucro desejada.

   e) Todas as alternativas estão corretas.

3.3 Consideram-se fixas as despesas que independem do volume de produção e venda e se repetem em todos os meses do ano. Este conceito refere-se a:
a) despesas fixas.
b) despesas variáveis.
c) custos fixos.
d) custos variáveis.
e) margem de contribuição.

3.4 No percentual fixado para a margem de lucro, é possível incluir:
a) remuneração do capital.
b) retorno do capital.
c) juros sobre o capital investido
d) parcela para constituição de reservas.
e) Todas as alternativas estão corretas.

Atividades Práticas

Prática 1
Considere as seguintes informações:
- Custo variável unitário: $ 300.
- Despesas Variáveis: 25% s/ o PV.
- Despesas Fixas: 5% sore o PV.
- Custos fixos: 10% sobre o PV.
- Margem de lucro desejada: 10% s/ PV.

Pede-se: calcular o preço de venda unitário.

Prática 2
Considere as seguintes informações relativas a determinado mês:
- Matéria-prima: $ 50.
- Materiais Secundários: $ 10.
- Mão de Obra Direta: $ 40.
- Custos Fixos: 10% do preço de venda.
- Despesas Variáveis: 30% do preço de venda.
- Despesas Fixas: 3% do preço de venda.
- Margem de lucro desejada: 15% do preço de venda.

Pede-se:
a) Calcular o *Markup* Multiplicador.
b) Calcular o *Markup* Divisor.
c) Calcular o preço de venda unitário.

MENSAGEM FINAL

Conforme sugerimos na mensagem final do volume 1 desta série, o estudo deste volume 5 poderia ser opcional, após você ter concluído o estudo do volume 1 e, paralelamente, o estudo do volume 2 ou após ter concluído o estudo dos quatro primeiros volumes desta série.

A proposta deste quinto volume, denominado *Noções de Custos*, foi possibilitar que você amplie ainda mais os seus conhecimentos de contabilidade por meio do estudo do custo industrial.

Você estudou e aprendeu neste volume 5, entre outros temas, os conceitos de custos e seus componentes; a apurar o custo dos produtos vendidos; a atribuir custos aos estoques de materiais; preços aos produtos; o significado e a aplicação do ponto de equilíbrio.

Se você pretende ampliar ainda mais os seus conhecimentos de contabilidade, indicamos os seguintes livros, todos de nossa autoria ou coautoria, publicados pela SaraivaUni: *Contabilidade Comercial em Foco*, *Contabilidade Geral em Foco*, *Contabilidade de Custos*, *Contabilidade Avançada*, *Contabilidade para Concursos* e *Exame de Suficiência* (coautor), *Introdução à Contabilidade Gerencial* (coautor), *Introdução à Contabilidade Tributária* (coautor), *Auditoria em Foco* (coautor) e *Ética na Contabilidade* (coautor).

Professor Osni Moura Ribeiro

BIBLIOGRAFIA

CALDERELLI, A. **Enciclopédia contábil e comercial brasileira**. São Paulo: CETEC, 1997.

EISEN, P. J. **Accounting**. 3. ed. Nova York: Barron's Business, 1994.

FRANCO, H. **Contabilidade geral**. 18. ed. São Paulo: Atlas, 1972.

GOUVEIA, N. **Contabilidade**. São Paulo: McGraw-Hill do Brasil, 1985.

JACINTHO, R. **Biblioteca de ciências contábeis em lançamentos programados**. São Paulo: Brasiliense, 1981.

NEPOMUCENO, F. **Novo plano de contas**. São Paulo: Thomson – IOB, 2003.

RIBEIRO, O. M. **Contabilidade básica**. 30. ed. São Paulo: SaraivaUni, 2017. (Série Em Foco).

_____. **Noções de Análise de Demonstrações Contábeis**. 1. ed. São Paulo: Érica, 2020. (Série Fundamentos de Contabilidade).

_____. **Noções de Contabilidade**. 1. ed. São Paulo: Érica, 2019. (Série Fundamentos de Contabilidade).

_____. **Noções de Contabilidade Comercial**. 1. ed. São Paulo: Érica, 2019. (Série Fundamentos de Contabilidade).

_____. **Noções de Demonstrações Contábeis**. 1. ed. São Paulo: Érica, 2020. (Série Fundamentos de Contabilidade).

WALTER, M. A. **Introdução à contabilidade**. São Paulo: Saraiva, 1981.

1ª edição
Papel de miolo   Offset 75 g/m²
Papel da capa   Cartão 250 g/m²
Tipografia   Myriad Pro e Source Sans Pro